CONSULTORIA

LUIZ CONCISTRÉ

5ª tiragem

UM GUIA PARA PROFISSÃO

CONSULTORIA

UMA OPÇÃO DE VIDA E CARREIRA

ALTA BOOKS
EDITORA
Rio de Janeiro, 2017

Consultoria: Uma Opção de Vida e Carreirra — Um Guia para a profissão
 ISBN: 978-85-508-0135-3

Impresso no Brasil.

Obra disponível para venda corporativa e/ou personalizada. Para mais informações, fale com projetos@altabooks.com.br

Copidesque
Carolina Menegassi Leocádio

Editoração Eletrônica
Estúdio Castellani

Revisão
Adriana Alves Ferreira | Soeli Araujo

Produção Editorial
Elsevier Editora - CNPJ: 42.546.531./0001-24

CIP-Brasil. Catalogação-na-fonte
Sindicato Nacional dos Editores de Livros, RJ

C747c Concistré, Luiz Antonio
Consultoria: uma opção de vida e carreirra – um guia para a profissão / Luiz Antonio Concistré. – Rio de Janeiro. Alta Books, 2017.
23 cm

ISBN: 978-85-508-0135-3

1. Consultores técnicos (Administração). 2. Serviços de consultoria. 3. Administração de empresas. I. Título.

12-1468. CDD: 658.46
CDU: 005.942:334.7

ALTA BOOKS
EDITORA
Rua Viúva Cláudio, 291 — Bairro Industrial do Jacaré
CEP: 20970-031 — Rio de Janeiro - RJ
Tels.: (21) 3278-8069 / 3278-8419
www.altabooks.com.br — altabooks@altabooks.com.br
www.facebook.com/altabooks

A Tecy, companheira de todas as horas

Agradecimentos

É impossível fazer uma lista de agradecimentos sem cometer injustiças. Quis o destino que eu tivesse muita sorte, pois tenho vivido cercado de pessoas especiais, que agem como uma muralha do bem a me proteger das contradições da existência.

Sigo fielmente o conselho de meu pai: "Fortuna, meu filho, é colecionar amigos e bons momentos!" A todos eles minha gratidão, pelo apoio e pelos ensinamentos.

A alguns de minha (afortunada) lista imensa de amigos quero dirigir um agradecimento especial por sua intervenção direta na elaboração deste livro.

A minha companheira Tecy, pela paciência em aturar meus intermináveis silêncios e pelo amor e entusiasmo com o qual sempre me contagia.

A Selma Fredo, jornalista e professora de nossa língua-mãe, por sua vigilância e controle de meus arroubos verborrágicos.

A meu sócio na ALZ Brasil, Alexandre Vasconcellos, por me dar o "empurrão" para escrever, insistir e no final fazer com que eu descobrisse nisso um grande prazer.

Ao consultor e amigo, Alexandre Henrique Santos, pelo incentivo e constante provocação.

Ao querido amigo Dante Fontanesi Jr., que foi embora desta vida antes do tempo e, sendo engenheiro, foi na verdade meu professor de humanidades.

A meu sócio na Dorsey & Rocha e Associados, Rodolpho Lopes da Rocha, o mais incrível e genial consultor de empresas que conheço e a quem devo meu ingresso na carreira.

A meus colegas de trabalho, meus chefes, que na realidade foram meus professores de tantas lições de vida e profissão: Haruo Onosaki, Rodolfo Vicente Resende, Renato Quadrante, Nelson Burgierman e Sylvio Di Pino.

A Carmelina e a José Renato, duas criaturas tão especiais que dispensam sobrenomes, todos saberão de quem estou falando, pelo apoio e constante provocação.

A meus clientes e amigos que dispuseram de seu tempo para contribuir para este livro com seus preciosos depoimentos: Aquiles Gonzalez Gonzalez, Eduardo Coli, José Antonio de Lima, José Luiz Dias e Timothy Altaffer.

Por obra e graça do destino a lista é interminável, e a todos que citei e àqueles que não pude citar minha gratidão, fundada na esperança de que este trabalho possa contribuir de maneira prática e simples para a compreensão do apaixonante trabalho de consultoria.

São Paulo, março de 2012.

Luiz Antonio Concistré

Sua empregabilidade reside no fato de você ser referência em alguma área do conhecimento para um número significativo (mas não necessariamente influente) de pessoas.

Sumário

Introdução

O final do século XX foi palco de uma espetacular transformação no cenário mundial, que afetou todos os aspectos da vida humana e, nesse quadro geral, o mundo do emprego e do trabalho.

Vimos, de um lado, encerrar o ciclo de ditaduras latino-americanas e o consequente esgotamento do sistema de relações econômicas e políticas engendradas nos anos 1960; de outro, a ruína do império socialista soviético decretando um fim, pelo menos teórico, da chamada Guerra Fria. Toma impulso nessa mesma época o sonho de Jean Monnet da unificação da Europa, primeiramente com o fortalecimento da Comunidade Econômica Europeia e, mais tarde, com a União Europeia, nascida após a unificação da Alemanha.

O sistema de divisão internacional do trabalho apresentava igualmente sinais de desgaste, criando assim as condições para o surgimento de uma nova ordem econômica e política. Essa nova ordem tomou forma a partir da Escola Austríaca e dos pensamentos de Friedrich von Hayek. Surgia o neoliberalismo como uma alternativa ao esgotamento do modelo anterior – e, devido às circunstâncias em que se estabeleceu, pode-se falar que nasceu hegemônico. A "mão invisível do mercado", na expressão de Adam Smith, emerge da década de 1980 como o vetor de organização econômica e política do planeta.

Data de 1989 o Consenso de Washington, episódio que determinaria a forma de inserção dos países (em particular da América Latina) na chamada era da globalização. As conclusões daquele encontro podem assim ser resumidas:

1. Disciplina fiscal, através da qual o Estado deve limitar seus gastos à arrecadação, eliminando o déficit público.

2. Focalização dos gastos públicos em educação, saúde e infraestrutura.

3. Reforma tributária que amplie a base sobre a qual incide a carga tributária, com maior peso nos impostos indiretos e menor progressividade nos impostos diretos.

4. Liberalização financeira, com o fim de restrições que impeçam instituições financeiras internacionais de atuar em igualdade com as nacionais e o afastamento do Estado do setor.

5. Taxa de câmbio competitiva.

6. Liberalização do comércio exterior, com redução de alíquotas de importação e estímulos à exportação, visando impulsionar a globalização da economia.

7. Eliminação de restrições ao capital externo, permitindo investimento direto estrangeiro.

8. Privatização, com a venda de empresas estatais.

9. Desregulamentação, com redução da legislação de controle do processo econômico e das relações trabalhistas.

10. Propriedade intelectual.

Com a morte de Mao Tse-Tung, em 1976, a China, então sob o comando de Deng Xiaoping, inicia a década de 1980 em frenético ritmo de reformas econômicas, promovendo sua "abertura dos portos" e tornando-se rapidamente um ator fundamental no cenário econômico mundial.

Do Polo Norte ao Sul, estavam assim criadas as condições para a globalização das relações econômicas, precedidas pela quebra assimétrica de barreiras comerciais, pelo livre trânsito do capital e pela diminuição do poder de regulação e intervenção dos governos.

O Brasil, assim como os demais países da América Latina, ingressou na era da globalização de maneira subalterna e em flagrante desvantagem. Sua trajetória econômica do pós-guerra poderá ser chamada um dia de Era da Modernização da Pobreza, tal foi o conjunto desastroso das políticas econômicas adotadas e levadas ao requinte extremo durante o período da ditadura militar. O resultado foi aportar ao final do século XX como uma das nações mais desiguais do planeta: a Belíndia, parte Bélgica, parte Índia, expressão tão ao gosto dos cronistas econômicos da época. O resultado desse processo traduzia-se numa economia sem qualquer poder de inserção competitiva, uma inflação astronômica e uma sociedade de excluídos.

Sob o ditame do Consenso de Washington, o país inicia então seu ciclo de reformas que, nos primeiros momentos, significaram efetivo avanço em relação a seu passado recente. A simples quebra do ciclo inflacionário causou impacto profundo na vida dos cidadãos, propiciando de início um ganho de renda real para toda a parcela da população que não tinha acesso a mecanismos de defesa contra a corrosão monetária, privilégio antes concedido apenas às camadas mais altas da sociedade. Os primeiros anos da dita reforma viram ampliar-se o consumo de proteínas para, em seguida, registrar-se um avanço significativo no consumo de outros bens. Tivemos aqui uma versão tupiniquim do horóscopo chinês com o "Ano do Frango", seguido do "Ano do Fogão" e depois do "Ano da Televisão". A nossa nova versão do processo de abertura dos portos deu-se por um programa de privatização, cuja ferocidade é somente comparável à ocorrida no Chile (país com uma população menor que a cidade de São Paulo) e que se tornou o exemplo universal do sucesso da aplicação das teses neoliberais.

De qualquer forma e acima de quaisquer tropeços: uma era de profundas transformações! Surgem ideias engraçadas e publicações fantasiosas. Um anuncia o "fim da história"; outros publicam *The Long Boom – A Vision for the Coming Age of Prosperity*. Apoiados ainda por um progresso tecnológico espantoso, um conjunto de Nostradamus às avessas anuncia o paraíso terrestre como que reinaugurado pelas novas regras.

Nos subterrâneos dessa nova ordem, porém, os acontecimentos não eram assim tão edênicos. A aceleração meteórica provocada pelo turbocapitalismo engendrou efeitos colaterais insuspeitados no alvorecer da nova era. O planeta foi levado aos limites, estamos diante da possibilidade de ele não mais suportar a vida, as tensões internacionais se agravaram, e assistimos impotentes a uma escalada da violência sem precedentes. As tensões sociais antes expressas em movimentos políticos e revoluções disseminaram-se viroticamente no tráfico internacional de drogas e no recrudescimento da criminalidade urbana. Foi estabelecida uma nova guerra, agora não mais "fria", mas escancarada, entre o mundo islâmico e o centro do capitalismo mundial. Por toda parte sinais de alerta começaram a pipocar a partir do 11 de setembro, o fim do idílio.

Mas a força da nova era parecia imbatível. Os avanços tecnológicos tornaram-se a nova pedra filosofal da humanidade. Mesmo após desenterrarmos 60% do carbono que a natureza levou milhões de anos para enterrar, a Ciência, novo deus dos povos, afastaria qualquer ameaça. Nada parecia afetar a marcha para o paraíso. Até setembro de 2008: o "rubicão" da nova ordem! Em agosto desse ano, a ciranda financeira explodiu. Rapidamente a economia virtual desabou. Os bancos, ícones da nova era, as indústrias automobilísticas americanas e outras tantas revelaram sua verdadeira face, e a crença na nova era de prosperidade pareceu esvanecer-se do dia para a noite.

Para se ter uma ideia do tamanho que a ciranda financeira internacional assumiu, basta verificar que, no início dos anos 1980, o PIB mundial era de US$10 trilhões e a soma dos ativos financeiros era de US$12 trilhões. Em 2008, o PIB havia subido para US$50 trilhões e os ativos financeiros somavam US$300 trilhões. Ou seja, a economia virtual, produto da ciranda financeira, cerne do fundamentalismo mercantil, suplantava assustadoramente a economia real, aquela que é fruto da produção e do trabalho.

Do dia para a noite o planeta ficou mais pobre. O rastilho de pólvora estava aceso. Propiciou mundo afora uma série de reações irracionais. Para nosso espanto, os efeitos dessa explosão atingiram o Brasil de maneira muito mais suave do que no passado. Naturalmente os setores voltados para o mercado externo acusaram o golpe, também as empresas multinacionais – particularmente as americanas, reféns de sua visão de mundo – acusaram o golpe, reagindo de acordo com a percepção de suas matrizes. O fato é que o país foi, sim, atingido, porém em intensidade muito menor do que o esperado. O que teria ocorrido?

Tendo inicialmente ingressado no sistema global pela porta dos fundos, o Brasil emerge da crise com muito menos vulnerabilidade externa de sua economia e posicionando-se como um ator importante no cenário político internacional.

Uma mudança estrutural em sua economia deslocou o setor dinâmico para o mercado interno em razão de mudanças significativas em sua estrutura de distribuição de renda. Emerge da crise então o "país do futuro" com a sensação de que o futuro chegou. O desafio agora é assegurar as condições para a continuidade do processo de crescimento econômico e desenvolvimento social. Certamente, esse processo não poderá ocorrer com base nos referenciais passados. A pressão sobre os recursos naturais do planeta não permitirá a reprodução pura e simples dos padrões de consumo e produção existentes no primeiro mundo. Também os ensinamentos e ditames da chamada "nova economia" mostraram-se inadequados. Os ícones da administração americana ou estão falidos, pedindo socorro ao governo, ou cobertos de acusações de fraudes e desvios da ética.

A crise de 2011 não é nova, mas mera continuidade daquela iniciada em 2008, apenas diferenciando-se pela extensão e pelo inédito surgimento de movimentos apartidários espontâneos das massas ("Occupy Wall Street", "El 15-M", "Os indignados" etc.) a exigir o fim da ciranda financeira.

O saldo do *long boom* é negativo, porém não existe no horizonte uma alternativa, podendo-se adquirir a certeza de que as coisas deverão mudar – só não se sabe em que direção e com quais consequências.

Naturalmente, uma das variáveis que foram e serão ainda mais afetadas é, sem dúvida, a questão do emprego e do trabalho.

Capítulo 1

O contexto geral

O MUNDO DO TRABALHO

A primeira mudança sofrida pelo mundo do trabalho atingiu em cheio o vínculo entre os indivíduos e as organizações. Os contratos de trabalho, antes baseados em uma fidelidade mútua, tornaram-se frágeis, e todas as camadas de empregados, desde os operacionais até os gestores, transformaram-se em itens de custo fixo, passíveis de corte a qualquer momento.

As empresas tornaram-se reféns da visão de curto prazo, exigência básica do turbocapitalismo. De início, os processos de reengenharia traduzidos como "fazer mais com menos" deram forma a uma obsessão pela redução de custos, o que na verdade traduziu-se em desemprego para um número incontável de pessoas. Em território tupiniquim, isso foi possível pela existência de um mercado de trabalho francamente desfavorável à classe trabalhadora.

Ressurgem o autoritarismo como filosofia de gestão e a crença de que basta fixar metas arrojadas a cada ano para que os números sejam atingidos – é só fazer pressão. Em muitas organizações as práticas de gestão retornaram aos primórdios do capitalismo, com jornadas de trabalho iguais às da época da revolução industrial.

Ao contrário do passado recente, em que o "colchão" para ajuste contábil de resultados não atingidos era apenas pelos cortes na base da folha de pagamento, demitindo-se os empregados de funções operacionais, agora esse "colchão" se estende até os postos de alta gerência. A troca de um executivo caro por um barato é prática de efeito contábil imediato, porém natural perda de capital intelectual – mas quem se importa? O que interessa é o curto prazo, o bônus estratosférico, o eufêmico "variável agressivo", capaz de produzir resultados a qualquer custo.

As carreiras de altos executivos foram assim afetadas em seu roteiro predefinido. Esmerada educação, domínio de idiomas, vivência no exterior e alta especialização, instrumentos de diferenciação no mercado de trabalho, perderam significado, e os ciclos de permanência de executivos de alta competência reduziram-se abruptamente.

No médio prazo, quando os próprios resultados são afetados pela perda de conhecimento organizacional, a necessidade de percorrer novamente as curvas de aprendizagem organizacional torna-se demasiadamente onerosa. A demanda pelo conhecimento deverá ser suprida de alguma forma. O mercado o tem de sobra.

Neste momento, particularmente no Brasil, outras condições ampliam tal demanda por conhecimento. Parece não haver controvérsias de que o país hoje atravessa um momento especial de sua história. Sem nunca antes ter feito outra coisa que se inserir no contexto econômico global como um país exportador de produtos primários, nestes primeiros anos do século XXI o país dá sinais concretos de mudança em sua forma de gerar desenvolvimento sustentável no lugar dos habituais surtos esporádicos de crescimento econômico.

Mesmo tendo ingressado pela porta dos fundos do "turbocapitalismo" gerado pela onda neoliberal, o país pôde implantar modificações significativas em sua estrutura social, permitindo através do aumento de renda real dos pobres uma mudança estrutural em seu quadro econômico.

O espantoso é que a redução da suscetibilidade aos humores da economia internacional se deu em um quadro bastante adverso, um contexto recheado de regras que asseguravam a inserção subalterna e a manutenção dos mecanismos de dependência.

A periferia do mundo capitalista moderno começou efetivamente a transformar-se na agressividade do processo de inserção levado a cabo pela China (comunista) concebida para apoiar-se nas fragilidades do sistema e dentro das regras previstas. Os chineses foram habilidosos para se servir da diretriz suprema do processo neoliberal que dita a regra do ganho máximo no curto prazo. Sua inserção se deu em harmonia com a regra vigente, reforçando-a e estimulando sua permanência. O processo abriu brechas significativas no monólito neoliberal, estimulado ainda pela desabalada carreira da ganância pelos ganhos espetaculares que geraram o enorme rombo entre a economia real e a especulativa.

Nessa onda outros países embarcaram discretamente, beneficiados pela desastrosa condução de política econômica e internacional levada a cabo pela administração Bush.

O Brasil foi um desses países. Porém os desafios que a nação terá de enfrentar são imensos. O progresso futuro não poderá seguir os modelos até hoje pregados como infalíveis caminhos do capitalismo moderno. Danos irreversíveis ao sistema impõem medidas mitigadoras a custos ainda não devidamente avaliados. Portanto, qualquer tentativa de progresso econômico sustentável deverá considerar a impossibilidade de reproduzir os padrões de consumo ou de produção como os que caracterizaram o desenvolvimento norte-americano. Encontrar o direcionamento possível exigirá a superação de limitações culturais e transformação da argamassa lodosa do sistema político ainda contaminado por visões conservadoras. O desafio é imenso; se antes o processo de industrialização se deu sem que se alterasse a feição colonial da nação, agora deveremos dar um salto à pós-modernidade em meio a estruturas políticas arcaicas e flagrante indigência cultural.

Além da pós-modernidade, encontrar tal direcionamento exigirá a criação de novos referenciais e o abandono de padrões arraigados; nesse quadro se enquadra a reinvenção dos métodos e processos de gestão de empresas.

O desafio para os homens de empresa não reside mais no estudo continuado do que é pré-moldado, mas na criação de um referencial hoje inexistente. De pouca valia serão tantos "emibieis" desenhados para um mundo que não mais existe, destinados à busca de uma eficiência ao contrário, incapaz que foi de medir as consequências de seus mecanismos.

Novamente surge com força a demanda por conhecimento e experiência, e novamente o mercado de trabalho os têm de sobra.

Essa forte demanda por conhecimento e experiência é ainda afetada por outros fatores conjunturais específicos de nosso país. A mudança do quadro econômico geral pode ser resumida em alguns pontos:

1. Ingresso de cerca de 40 milhões de pessoas no mercado de consumo.

2. Alteração da geografia econômica com descentralização e desconcentração das atividades produtivas.

3. Surgimento de mercados regionais com acentuada dinâmica de crescimento.

4. Chegada de empresas estrangeiras em fuga de suas economias estagnadas.

5. Contratação de administradores profissionais por parte de empresas familiares em consequência das perspectivas de crescimento e dificuldades nos processos sucessórios.

6. Mudança do polo de dinamismo econômico para empresas de médio e pequeno porte, bem como a consolidação do agronegócio em moldes empresariais.

Todos eles apontam para o que a grande imprensa já apelidou de "apagão de talentos" ou "apagão de mão de obra", fenômeno evidenciado em muitas regiões do país que passam a importar mão de obra dos antigos centros econômicos do país localizados no Sul e Sudeste.

Diante desse quadro geral, talvez perca sentido utilizar a palavra *emprego* para definir a atividade econômica individual, porém faz sentido utilizar a palavra *trabalho*. Não é mais possível supor que o sistema garantirá os meios. A saída está no pensamento autônomo, sem que a administração da carreira de um executivo seja terceirizada, assegurando-lhe assim os meios de locomoção no mercado de trabalho.

Utilizar as táticas e também os métodos de atuação dos consultores de organização pode dar pistas ao indivíduo sobre como estabelecer essa autonomia. É intenção deste livro: dividir as experiências da atuação como consultor e, assim, propiciar aos profissionais meios não convencionais de acesso ao mercado de trabalho. Espera-se assim ser útil para quem quer de fato atuar como consultor, mas também para aquele profissional que deseja abordar o mercado de trabalho de maneira autônoma.

O fundamento é simples: o consultor, tal como qualquer executivo, vende suas competências – a diferença é que o faz várias vezes por ano, apontando mais para o futuro do que para seu passado curricular.

PROCURAR EMPREGO OU PROCURAR TRABALHO?

Invariavelmente o executivo desempregado sai à procura de vagas. Um jogo de quebra-cabeças, normalmente centrado em seu histórico profissional; as andanças do executivo pelo mercado de trabalho se caracterizam por tentar encontrar uma empresa que tenha um cargo vago no qual seu perfil profissional se encaixe, porém onde estão essas tais de vagas? Em anúncios nos jornais, em empresas de busca de vagas (uma parte, mas não todas)? Como encontrá-las?

A movimentação no mercado de trabalho torna-se difícil, dolorosa, frustrante. No entanto, como vimos, oportunidades não faltam: as empresas têm necessidades, a economia segue seu caminho e o quadro é promissor.

A questão talvez seja apenas semântica. Uma diferenciação entre procurar emprego e procurar trabalho. Procurar emprego pode ser traduzido como: se você era diretor de miscelânea na empresa A, deve achar uma empresa B que tenha um cargo de diretor de miscelânea e onde, ainda por cima, esse cargo esteja *vago*! É quase uma loteria, pois, além de o cargo estar vago, o perfil do executivo deve encaixar sem qualquer aresta nos requisitos, nem sempre precisos, determinados pela empresa.

Mas as empresas continuam a ter necessidades, continuam a ter problemas. O mecanismo de junção dessas necessidades e do conjunto de competências está baseado, portanto, em dois pilares básicos:

1. Utilização de sua rede de relacionamentos para detecção das necessidades e aproximação das empresas.

2. Centrar a venda de suas competências na oferta para o atendimento das demandas das empresas.

A forma de contratação: seja como consultor, como executivo, como gestor interino (*interim management*) ou qualquer outra modalidade que se possa conceber, será determinada então pela natureza da demanda, e não pela excelência de um histórico profissional e adequação de perfil a requisitos predeterminados.

Se a questão enfrentada pela organização for conjuntural, certamente o contrato será feito por tempo determinado, quer como consultor, quer como gestor interino. Se a questão for estrutural, é mais provável que ele seja contratado como executivo e venha de fato a ocupar um cargo por tempo indeterminado naquela organização.

A rede de relacionamentos do profissional é o que irá possibilitar a correta aproximação e detecção das demandas das empresas. Porém, é preciso um pouco de cuidado ao referir-se ao termo "rede de relacionamentos", pois ultimamente tem havido certa vulgarização do termo *networking*. Detectada como o modo pelo qual os negócios operam, a palavra *networking* passou a ser utilizada de maneira indiscriminada, realizando-se eventos de *networking* e surgindo empresas especializadas em realizá-lo. Rede de relacionamentos parece a expressão mais correta, diz mais respeito à nossa cultura e à forma como interagimos socialmente e pressupõe proximidade, não apenas contato.

Se lembrarmos de que qualquer contratação é, em resumo, uma aposta, pois não importa o método seletivo que se utilize na hora da decisão final, o que se faz é uma aposta "olho no olho" de que aquele profissional será capaz de superar os desafios do trabalho. Ao vender competência, vende-se confiança, e somente relacionamentos mais aprofundados e sólidos permitem isso.

Quanto a vender competências, a ação de movimentação no mercado fica centrada na detecção das necessidades e demandas das empresas para, a partir desse ponto, alinhar a capacidade de encaminhamento da questão levantada. Está, portanto, baseada na proposição do que é possível fazer no futuro, em vez de uma relação de feitos passados e evidências de habilidades. Como dizem os vendedores: características não vendem; benefícios, sim!

Capítulo 2

A decisão de ser consultor

DANTE FONTANESI

Decidi muito cedo pela carreira de consultor. Era menino ainda quando participei de um workshop – parte de um programa de desenvolvimento gerencial na empresa em que trabalhava – que tinha como facilitador Rodolpho Lopes da Rocha. Como todo garoto, enfiei na cabeça que um dia iria trabalhar com aquele cara.

Mal sabia eu que 16 anos depois essa decisão se concretizaria. O que era apenas um sonho de moleque serviu como um poderoso direcionador capaz de afetar decisivamente o rumo de minha carreira e de minha vida.

Naquela época, estava enfiado até o pescoço em um projeto de desenvolvimento e implantação de um sistema de controle físico e econômico dos investimentos da empresa em que trabalhava. Levando em conta que os sistemas de informação computadorizados estavam apenas engatinhando, a tarefa mostrou-se desafiadora, pois muita criatividade teria de ser usada. Não podíamos entupir a empresa com procedimentos adicionais apenas para atender à necessidade de informação. O que já existia precisava ser incorporado discretamente ao sistema, o qual, por sua vez, deveria "fazer conversar" o contábil com o controle físico de obras, coisa inimaginável naqueles primórdios da computação. Era, sem dúvida, um projeto estimulante, e nenhum moleque recusaria um brinquedo desses.

No entanto, o grande barato ainda estava por vir. A duras penas e depois de várias noites maldormidas, o sistema foi pouco a pouco tomando forma. Uma vez testado, mostrou-se apto ao que se pretendia. O desafio agora se deslocava para a implantação: convencer uma população enorme de funcionários, gerentes, superintendentes e diretores a usá-lo como ferramenta de trabalho.

Foi fácil perceber que era o verdadeiro desafio. Inventar programas de computador, desenhar e redesenhar fluxos de uma infinidade de documentos era complexo e, por isso, estimulante e divertido, mas estava muito longe do grau de dificuldade que lidar com o comportamento humano representa. Por sorte, fomos incumbidos das duas tarefas: desenvolver o sistema e implantá-lo. *Descobriríamos rapidamente a primeira lição: mudanças culturais, aquelas que mexem com o comportamento coletivo, são extremamente difíceis e longas.*

Os primeiros passos pareceram fáceis, afinal, o aspecto legal da juventude é o baixo compromisso com a experiência e a ingenuidade com que se prioriza a ação no objetivo principal, desprezando riscos e desconsiderando as regras não escritas que regem as intrincadas relações de poder dos grupos humanos. Começamos pelo presidente, primeiro "freguês" dessa nova fase.

Nada na minha cabeça fazia crer que esse cidadão devesse ser tratado com qualquer deferência especial. A missão quase evangélica de colocar aquela nova forma de gerenciamento em ação era tudo. Ele seria apenas mais um a ser "catequizado". O entusiasmo era tanto que a reunião resvalou para a irreverência – e talvez esse tenha sido o grande fator de sucesso. Ao término do encontro, ouvimos do sisudo presidente: "Quem me dera se a empresa tivesse mais gente capaz de dizer o que pensa." E completou: "Poucos teriam a coragem de dizer o que vocês disseram a mim hoje. Vocês são loucos, mas são as pessoas certas para levar esse projeto adiante."

Partimos entusiasmados para o segundo grupo de "fregueses": os diretores. E o balde de água fria não tardou a chegar. O primeiro a ser contatado mostrou-se cético, sarcástico. Manipulou nossa inexperiência sem piedade. Concentrou toda a conversa nas fragilidades do processo, em sua vulnerabilidade e terminou o encontro fazendo perante seus assessores diretos um discurso apoteótico quanto à inutilidade de todo aquele trabalho.

O sentimento foi de humilhação, e não de derrota. Sentimo-nos usados, fichas de um jogo cujas regras desconhecíamos. Era como cair do cavalo na frente dos outros: a gente levanta com a boca cheia de areia, a baba grossa cuspida com raiva, tentando afastar da alma o sentimento de humilhação, o vazio de não entender o porquê do tombo.

Dante Fontanesi, uma espécie de padrinho nosso e coordenador do projeto, tratou de colocar as coisas no lugar. Em sua imensa sabedoria – acredite, Dante foi uma pessoa muito especial! –, cuidou de curar nossa dignidade ferida com muita calma. Explicou-nos que aquele era apenas o primeiro obstáculo de inúmeros que iríamos enfrentar e talvez nem fosse o mais difícil. Falou-nos de uma intrincada rede de influências, desavenças e "puxa-tapete" político que havia por trás da atitude daquele executivo. Foi capaz de aplacar nossos ânimos com seu jeito incrível, calmo e bem-humorado. Aliás, para ele, tudo era motivo de bom humor. Talvez porque soubesse (e eu também sabia) que uma doença terminal o levaria em breve (ele faleceu quatro anos depois deste episódio, aos 42 anos).

Com os problemas que ele precisava enfrentar diariamente, o episódio era realmente pequeno e digno de boas risadas. E isso nos deu muitas lições: *aprender a lidar com resistências, analisar sempre de maneira isenta o que se escuta, manter o foco, perceber o outro, suas limitações e motivações.*

Dante não nasceu consultor; talvez a enfermidade o tenha transformado em um. Só sei que a perspectiva que ele tinha da vida era muito diferente da maioria. Os fúteis símbolos de status e poder nada representavam para ele. Qualquer problema era imediatamente colocado em sua devida dimensão e, assim reduzido, era tratado com a calma e o foco que exigia, sem exageros, sem rodeios.

A convivência de cinco anos com Dante forjou em meu coração uma vontade enorme de imitá-lo. Hoje, passados tantos anos, ainda me esforço para pôr em prática tantas e tantas lições que ele me legou. Seu bom humor acompanhou cada momento de nossa convivência. Jamais vi nele um gesto sequer de impaciência ou queixa. Esse bom humor foi mais uma das grandes lições desse mestre. A vida acontece aqui e agora (ele dizia), e não no futuro ou no passado. E, como cada momento é único, torná-lo o melhor possível para si e para todos que o compartilham é a única forma de construir felicidade.

Esse período de convivência e aprendizado forjou o desejo de tornar-me consultor. O desejo de "ser" em detrimento do "estar". Cargos, status, ascensão na carreira perderam a importância e foram substituídos por uma paixão incontrolável pelo desafio, pela transformação, pelo poder de influenciar, muito mais tênue do que o de mandar executar. Sem tomar consciência plena das consequências, eu estava tecendo o fio condutor de minha vida e carreira.

Obrigado, Dante! Espero que este texto chegue até o lugar em que você está. (Bolas! Quem mandou você ir embora antes do combinado?)

DEUS ME LIVRE DE SER CONSULTOR!

Muita coisa se ganha e muita coisa se perde quando se opta pela carreira de consultor. Sem dúvida, a carreira executiva parece ser mais segura – mas essa é uma falsa impressão. Como vimos, as relações entre capital e trabalho mudaram radicalmente nos últimos anos. O que antes era permanente tornou-se transitório, e os ciclos dentro das empresas reduziram-se muito. Porém, não se pode negar que a sensação de previsibilidade mínima no fluxo de ganho é real, no mínimo confortável. Ah, como é bom aquele holerite que, mensalmente, com uma fidelidade canina, transforma nossos extratos bancários em cartões de boas-festas (pelo menos temporariamente).

Já os rendimentos de um consultor, se colocados em um gráfico, podem ser confundidos com o eletrocardiograma de um enfartado, mas não com um fluxo de caixa. Esta é apenas uma das inúmeras consequências quando se escolhe seguir a carreira de consultor: lidar com ganhos variáveis e períodos sem qualquer remuneração. Isso pode ser insuportável para um grande número de pessoas. Mecanismos de defesa contra tais oscilações precisam ser criados para evitar que ganho variável não se transforme em uma fonte insuportável de estresse.

Um dos primeiros mecanismos refere-se a como encarar seus rendimentos. Se na carreira dentro de empresas o raciocínio ocorre em termos de ganhos mensais, com o consultor o cálculo passa a ser anual, tanto no que diz respeito ao ganho quanto às despesas. Somente dessa maneira é possível ter uma noção razoável das disponibilidades para gastos extraordinários, poupança e investimentos.

Também é pouco provável que se consiga iniciar a carreira de consultor sem a existência de uma reserva financeira substancial. Raramente no início (quer em uma atuação solo, quer como consultor associado) tem-se uma sucessão de projetos. Mesmo quando o volume destes permite maior previsibilidade, a manutenção de uma reserva estratégica é necessária. Por incrível que pareça, consultores também ficam doentes, também ficam engessados após desastrosos jogos de futebol nos churrascos de domingo – ou atropelamentos, como foi o caso deste que escreve – e, mais do que em muitas profissões, precisam de férias!

Os hábitos de consumo também se modificarão. Compras a prazo precisam ser muito bem pensadas – assumir compromissos pesados de longo prazo pode ser desastroso. É necessário muito planejamento e controle para que as questões financeiras não se tornem um elemento adicional de preocupação.

Porém, os aspectos referentes às questões financeiras não são os únicos a exigir atenção. A estruturação e o uso do tempo são de total responsabilidade do consultor. Distrair-se com relação a isso é fácil e pode ser perigoso.

Recordo que, certa vez, em um desses períodos de estiagem naturais no trabalho de consultoria, eu e meu sócio, Alexandre Vasconcellos, nos surpreendemos chegando ao escritório às 10 horas da manhã e, pior, em trajes esportivos: calça jeans, tênis e camiseta. Afinal, era tempo de estiagem mesmo!

Sentindo-nos relativamente culpados, e concordamos que quem quer ir à luta precisa estar de armadura! Combinamos que, a partir do dia seguinte, chegaríamos num horário realmente de início de trabalho – às 8 horas da manhã – e "vestidos para matar" (ou morrer, pois era verão e o calor insuportável). O resultado: uma mudança radical. Prontos para a batalha, organizamos nossa agenda e, passadas apenas duas semanas, lá estávamos outra vez executando projetos e trabalhando.

É difícil manter a disciplina. Ninguém nos cobra a não ser nós mesmos (e, cá entre nós, cuidado com isso – eu posso atestar que fui o pior patrão que já tive!). É preciso planejar, definir mercado alvo, programar visitas, telefonar, contatar, estar sempre em movimento. Isso tudo respeitando a necessidade de tempo livre. Pode parecer fácil, mas a mudança de hábito é muito grande. Quando trabalhamos como empregados, vendemos nosso tempo. Com ou sem demanda, ficamos à disposição da empresa por um número de horas por dia. Nossa agenda é governada por terceiros, e a estruturação do tempo exige bem menos disciplina e atenção.

O único momento em que a agenda de um consultor é determinada por demandas externas é durante a execução dos projetos. Fora desse contexto, cabe ao próprio consultor dividir seu tempo. A atividade comercial e o cuidado com a visibilidade no mercado podem ser menosprezados, principalmente quando um período de intensa execução ocorre. "Quem está em execução não vende, e quem está vendendo não está executando." É preciso manter a atenção em todos os detalhes da atividade de um consultor.

Um executivo, quando sai de uma empresa, está desempregado. O mesmo não acontece com um consultor, que vivencia duas situações: tem cliente (está em execução) ou está sem cliente (vendendo). A atividade comercial não é uma parte acessória da atuação, mas essencial – a principal. O processo de venda deve ser, portanto, uma atividade prazerosa, estimulante. *Quem quiser ser um bom consultor deve gostar de vender.* Mais adiante, exploraremos em detalhes a atividade de venda de consultoria, que muitas vezes é pintada como um bicho de sete cabeças, precisando ser desmistificada.

A opção pela carreira de consultor também afeta aspectos não tão evidentes. Talvez um dos mais relevantes esteja relacionado à própria definição do tipo de poder que o consultor exerce em sua atividade. Um executivo tem o poder de ordenar a execução; o consultor somente tem o poder de influenciar. Essa diferença é fundamental, e a confusão entre o papel do consultor e o do executivo leva qualquer projeto para o buraco. Para alguns, pode ser extremamente difícil, após tantos anos atuando como executivo, encarar a limitação natural da atividade de consultoria. Para muitos contratantes, pode ocorrer a tentação de delegar ao consultor a função de mando. No entanto, em qualquer situação o problema a ser resolvido pertence ao cliente e a solução também. *O consultor funciona como um catalisador da reação química necessária à solução do problema e, como todo catalisador, desaparece durante o processo.*

Edgard Schein fez extenso estudo sobre os motivadores de carreira e identificou oito tipos: Desafio Técnico, Competência Gerencial (uso do poder), Segurança e Previsibilidade, Puro Desafio, Autonomia e Independência, Desafio Empreendedor, Dedicação a Causas e Estilo de Vida. Esses motivadores podem ser definidos com simplicidade como "as coisas que fazem você levantar de manhã para ir trabalhar".

O primeiro deles – Desafio Técnico – é o motivador daquelas pessoas que gostam de um "bom problema". Sua fonte de satisfação está na superação contínua de desafios ligados a sua área de especialização; tão logo resolva um, precisa que lhe arrumem outra "encrenca" para que ele possa continuar trabalhando com gosto.

A Competência Gerencial está ligada ao uso e exercício do poder para atingir objetivos. A satisfação provém do poder de tomar decisões e da alta responsabilidade subjacente. Ascender na carreira hierárquica é o sinalizador de sucesso para quem tem forte esse motivador.

Segurança e Previsibilidade são o motivador quase autodefinido pelo próprio nome. Quem o tem de maneira preponderante necessita ter a certeza de que pode contar que seu trabalho lhe trará essa previsibilidade. Retira parte de sua satisfação de ambientes com planos de carreira e de cargos bem definidos; caracteriza-se por forte lealdade a seu contratante.

Puro Desafio move quem quer criar coisas, abrir novos negócios, ter liberdade para inventar – é o motivador característico do empreendedorismo. Mede riscos, mas não foge deles.

Autonomia e Independência são o motivador da pessoa que gosta de fazer as coisas do "seu jeito". Não se encaixa bem em hierarquias e tira muita satisfação ao trabalhar em projetos com começo, meio e fim.

Desafio Empreendedor é o motivador de quem precisa sempre criar e desenvolver novos negócios. O desafio criativo é a constante na vida do indivíduo e a posse do negócio fonte de satisfação.

Aquelas pessoas que gostam de influenciar o ambiente em direção a seus valores e crenças apresentam o que Schein chamou de Dedicação a Causas. Este motivador leva a pessoa a sempre considerar o fator humano em sua atividade. É um motivador muito comum, por exemplo, entre os consultores de carreira.

Estilo de Vida é o motivador daqueles que tiram sua satisfação da manutenção do equilíbrio entre sua vida pessoal e profissional. Para estes, seu contratante deve ter uma evidente preocupação com pessoas.

Dois desses motivadores podem ser impeditivos para a atividade de consultor: naturalmente Segurança e Previsibilidade e, em segundo lugar, Competência Gerencial. A pessoa com forte concentração neste último motivador pode ter sérias dificuldades no exercício da função de consultor. Abrir mão do poder pode ser muito difícil e frustrante para alguém que gosta de mandar, que se sente bem no uso do poder direto. No que diz respeito à Segurança e Previsibilidade, a curva errática de ganhos pode ser angustiante.

Pessoas com forte inclinação a motivadores de Autonomia e Independência, Puro Desafio, Desafio Empreendedor e Dedicação a Causas sentem-se mais à vontade para se adaptar ao novo modo de atuação profissional. Conhecer os motivadores de carreira é tarefa essencial no planejamento profissional, principalmente quando se quer realizar uma mudança tão radical como deixar a carreira executiva e passar a atuar de forma independente.

Tornar-se consultor afeta ainda a vida em família. Viagens frequentes, e que muitas vezes obrigam a ausências prolongadas, podem provocar um distanciamento incômodo. Em compensação, pode-se usufruir de momentos de convivência em dias e horas inusitados para a maior parte das pessoas. É superdivertido levar os filhos ao cinema em pleno dia de semana! Aproveitar todas as oportunidades para estreitar a convivência, essa é a lei! Ao planejar uma mudança dessa ordem, deve-se discutir com todos os envolvidos os impactos da escolha. Contratar novos modos de relacionamento, combinar como contornar os empecilhos que surgirão e como melhor aproveitar as benesses que a liberdade propicia são atitudes indispensáveis.

Muito se ganha com a liberdade. Longe das pesadas estruturas das empresas, o consultor concentra a maior parte de sua energia e de sua atenção no trabalho. A variedade de contatos e projetos permite um aprendizado constante e intenso. É muito difícil ver um consultor queixar-se de monotonia, mas é fácil vê-lo reclamar de falta de rotina.

Longe das estruturas políticas naturais de uma organização, o consultor se vê livre dos jogos de poder que tanto desgastam a vida executiva. Há também pouco ou nenhum espaço para o infrutífero, para as reuniões intermináveis e inconclusivas, para a troca de e-mails sobre assuntos sem importância. Troca-se estresse por tensão produtiva, e isso faz um bem danado, já que, inclusive, é possível escolher com quem trabalhar!

Certa vez fui chamado por uma grande empresa de segurança. Meu interlocutor – dono da empresa – parecia mais um membro de uma tropa de choque do que um executivo. Falou-me de modo abrupto sobre a necessidade de elaborar um planejamento operacional muito detalhado, pois, com mais de cinco mil empregados lotados nos mais diversos lugares, controle para ele era fundamental. Até esse ponto da conversa, tudo corria bem. Lá pelas tantas, para justificar pela enésima vez sua necessidade de controle, declarou que monitorar seus empregados era essencial, pois, "como você bem sabe, essa raça de segurança é tudo f... (sic)".

Por alguns segundos, fiquei em dúvida sobre o que fazer: apresentar uma proposta com um preço completamente absurdo ou denunciar o choque de valores e recusar o trabalho. Colocar o preço nas nuvens era o mais cômodo, porém eu teria de prestar contas a mim mesmo pela omissão. Decidi pelo mais difícil e declarei que não faria o trabalho, pois o choque de valores era evidente. A tropa de choque explodiu! A jugular do cidadão inchou, e seu rosto avermelhado e furioso chegou a me meter medo. Permaneci fitando-o com "cara de azulejo", mas com o coração em pleno regozijo de ter agido de forma autêntica. Sem dúvida, foi um dos melhores projetos que eu não vendi! E como é bom não vender uma proposta dessas. Sei lá quanto dinheiro perdi, nunca parei para fazer a conta, mas o chope que eu tomei depois com alguns amigos teve um sabor muito especial.

Agir com coerência é uma virtude nada desprezível. Tem seu preço, é verdade, porém poder dosar a quantidade de "sapos de perna aberta" que você está disposto a engolir traz paz de espírito e, certamente, integridade. *Pode-se e deve-se escolher com quem e para quem trabalhar.*

Sempre se deve levar em conta que a opção por exercer uma profissão é uma escolha de vida e carreira. Costumo dizer que consultoria não é alternativa ao desemprego. É uma escolha que envolve muitos aspectos e, portanto, necessita de um planejamento acurado capaz de subsidiar uma decisão que traga realização e felicidade.

A mudança radical ocorrida nas relações de trabalho nos últimos anos colocou em evidência – para o bem e para o mal – a atividade de consultoria. Muitos profissionais hoje se deparam com a dúvida de continuar ou não em suas carreiras como executivos. Para a maioria, empreender um negócio ou atuar fora do universo da "carteira assinada" é impensável. O sistema educacional orientado a atender à demanda dos agentes econômicos prepara "seres funcionais", aptos a exercer sua profissão dentro do ambiente de grandes corporações. Cursos ou domínio de idiomas são vendidos como diferenciais no mercado de trabalho, passaportes para a empregabilidade. Na ocorrência do desemprego, o que muitos executivos descobrem é que o tão propalado currículo, em vez de ser um passaporte, joga-o numa vala comum – o que deveria diferenciar tornou-se um perigoso lugar-comum.

O profissional vê então desabar todo o sistema de crenças que tem a respeito de sua própria empregabilidade. Percebe que as variáveis sob seu controle influem muito pouco e, nesse momento, pode pensar em redirecionar sua carreira. Sob pressão, a decisão pode ser desastrosa. É recomendável que, diante de uma resolução dessa natureza, a pessoa busque munir-se de informações que lhe permitam agir de forma consciente.

Insisto: atuar como consultor ou empreender um negócio próprio não são opções ao desemprego, mas, sim, decisões com impactos em diversos aspectos de vida. Assim, assessorar-se para tomar a decisão adequada é fundamental.

Devemos estar preparados também para um futuro incerto das relações de trabalho nas organizações. Para muitos que acreditavam que as mudanças mais radicais estariam localizadas na base da pirâmide, junto aos níveis operacionais, o que vem ocorrendo é uma surpresa. Não é na base que as relações de trabalho estão sofrendo as maiores modificações. Contratos por tempo determinado, gestão interina de empresas, contratos como pessoa jurídica fazem parte do universo de admissão de executivos, e não de funcionários dos quadros administrativos e operacionais. *É no topo, e não na base, que as coisas estão mudando. Pode até ser que um dia sejamos todos consultores.*

Capítulo 3

Os diversos papéis de um consultor

POR QUE EMPRESAS CONTRATAM CONSULTORIA?

As estruturas organizacionais se alteraram profundamente. O progresso da tecnologia da informação, a profunda aceleração de todos os processos e as novas disposições do mercado levaram as organizações a refazer sua anatomia.

Todas as atividades que não têm um caráter permanente estão sendo progressivamente colocadas para fora da empresa. Não se incorpora custo fixo numa atividade que é ocasional. Um exemplo claro disso são as estruturas de treinamento de desenvolvimento. Antes, empregava-se um grande número de pessoas nessa atividade. Hoje, parte dela foi transferida aos próprios indivíduos, que ficam à mercê da condição ofertante do mercado de trabalho, e parte foi entregue a empresas especializadas. O que antes contava com um contingente de pessoas dedicadas agora é representado por apenas uma ou duas pessoas que, na verdade, são mais contratantes de empresas dessa área do que especialistas em treinamento.

Esta é uma regra geral: incorpora-se custo fixo apenas quando a atividade é contínua. Caso contrário, contrata-se quando necessário.

Outra situação decorre do enxugamento das estruturas das empresas. Os organogramas estão cada vez mais "magros". Muitas vezes a mão de obra de que se dispõe internamente não é suficiente para a execução dos projetos que são demandados. O quadro se complementa com a contratação de profissionais capazes de suplementar a força de trabalho interna. São frequentes as demandas não rotineiras que obrigam a empresa a buscar reforços no mercado. O conhecimento específico sobre determinado assunto pode propiciar a um profissional autônomo excelente oportunidade de trabalho. O aporte de conhecimento especializado é muitas vezes demandado por ser dispendioso manter na estrutura pessoas altamente singularizadas em suas atividades e com elevado nível de senioridade.

Nesse mesmo contexto, aplica-se a contratação de consultores especializados para a certificação em normas de qualidade, como as certificações ISO ou os processos de Acreditação Hospitalar junto a organismos certificadores nacionais ou internacionais.

Uma razão frequente para a contratação de consultoria reside também na busca de um "olhar externo", de alguém que, longe do dia a dia da empresa, possa atuar segundo uma perspectiva diferente, baseada nos diversos modelos de negócio e culturas já observados. A busca por uma "oxigenação" do pensamento não é um luxo, mas uma necessidade estratégica. A mesmice em mercados em constante movimento pode acarretar perdas irreparáveis.

Contratar mediação para processos decisórios complexos permite o aporte de metodologias que tornam as decisões mais ágeis por meio de uma arbitragem isenta.

Observando os diversos motivos que levam as organizações a contratar os serviços de um profissional autônomo, verificamos que, dependendo do motivo, o consultor pode assumir diversos papéis:

Ele pode atuar como *especialista*, responsável pela aplicação de conhecimentos específicos.

Pode ainda ter a função de *mão de obra* para executar projetos previamente definidos ou suprir a falta de recursos internos.

E, finalmente, pode assumir o papel de *facilitador* para arbitrar processos decisórios ou apoiar projetos com metodologia e mediação.

Essa divisão didática dos papéis que podem ser exercidos por um consultor foi formulada pela primeira vez pelo professor Edgard Schein (ele de novo), no início da década de 1960, e retomada posteriormente pelo brilhante Professor Peter Block em seu livro *Flawless Consulting*.[1]

É preciso lembrar que, embora possamos fazer essa divisão, ela é apenas didática, já que não existe um exercício puro de um ou outro papel. Um exemplo típico: um consultor especializado na certificação de normas ISO age como especialista especificando o que deve ser feito, as etapas, atividades, cronogramas etc. Porém, todas as ações necessárias à certificação serão executadas pelas equipes da empresa cliente. Diante desse fato, atuar apenas como especialista não será suficiente: ele deverá também agir como facilitador, engajando as pessoas na materialização do projeto.

A implantação de sistemas de informação tem colecionado inúmeros exemplos de quanto abordar um projeto apenas com o papel de especialista causa diversos problemas, custos adicionais e tempo perdido. A gestão de mudanças é parte integrante de qualquer intervenção e deve pressupor habilidades e formação do consultor, independentemente de sua área de atuação.

Podemos concluir que, em qualquer projeto de consultoria, haverá momentos em que o consultor atuará ora como especialista, ora como mão de obra, ora como facilitador. O importante é reconhecer, nos diversos momentos do projeto, qual o papel que se está exercendo.

Nos momentos em que se age como *mão de obra*, o controle das ações está sob o domínio do cliente; cabe a ele determinar os movimentos e monitorar os passos. A comunicação, na maior parte do tempo, é unidirecional, e há pouca colaboração cliente-consultor. Resultados específicos precisam

---

1 BLOCK, P. *Flawless Consulting: A Guide to Getting Your Expertise Used.* San Francisco: Pfeiffer, 2000. Um livro que certamente recomendo a todos.

ser alcançados. O consultor assume uma atitude mais passiva para atender às demandas específicas do cliente.

Quando se age como *especialista*, o contratante assume uma posição passiva, à espera das orientações do consultor e da determinação deste sobre o que precisa ser feito e quando. A comunicação também é unidirecional na maior parte do tempo, com o consultor definindo as atividades. Nos momentos da ação como especialista, a colaboração também é menos requerida, e o consultor planeja e também executa os eventos necessários.

Ao se agir como *facilitador*, o quadro muda radicalmente. A colaboração contratante-consultor torna-se fator crítico do sucesso do projeto. Pressupõe-se, então, comunicação intensa entre cliente e consultor, e todas as decisões referentes ao projeto são tomadas em conjunto. A corresponsabilização pelos resultados apoia o fato inexorável a todo e qualquer projeto: o problema é do cliente e a solução também.

Tão importante quanto reconhecer qual papel se está exercendo naquele momento é identificar a expectativa do contratante quanto a esse papel. Se o contratante espera que você aja como especialista e sua ação for percebida como mão de obra, o desastre será inevitável.

Identificar e negociar os papéis antes do início de qualquer projeto é uma das habilidades requeridas de todo consultor. Porém, negociar papéis na fase de contratação não basta. Durante o desenvolvimento do projeto, serão frequentes os momentos em que as expectativas e os papéis deverão ser negociados. Situações específicas, como eventos não previstos nas fases iniciais dos projetos, podem determinar mudanças dos papéis. Saber reconhecer esses momentos e tratá-los de maneira explícita é condição básica para evitar problemas no relacionamento contratante-consultor.

A despeito da situação ou do papel exercido, o consultor deve ter sempre em mente que ele tem apenas o poder de *influenciar*, e não de *executar*. Não atentar a esse aspecto pode ser fatal. *Executar*, como a palavra indica, é função do *executivo*. Quando um consultor resolve invadir essa área, ele não possui nem a autoridade, tampouco a responsabilidade. A rejeição por parte dos envolvidos a uma atitude como essa será imediata e, geralmente, implacável. É certo que muitos contratantes incorrem no erro de "delegar" ao consultor o papel executivo. Porém, é necessário reconhecer essa intenção e, de maneira assertiva e direta, tratá-la.

Recordo-me de um episódio durante o desenvolvimento de um modelo de gestão com base em planejamento. Na fase de gestão, durante uma reunião de monitoramento da execução das estratégias, o executivo-chefe da empresa se pôs na "plateia" e, de repente, surpresa: vi-me sozinho no "palco". Foi preciso um bocado de habilidade e diplomacia para, com muito jeito, trazê-lo para o palco e então, ao pé do ouvido, empurrá-lo para o comando da reunião. O incidente pode parecer banal, porém obrigou-me a repensar totalmente pontos importantes da metodologia.

A primeira reação foi julgá-lo. Por que diabos ele se pôs junto à equipe? Será que ele não sabe que é o chefe? Imediatamente, vi o diabinho no meu ombro conduzindo-me para um julgamento errado. Dei um passo para trás e perguntei: o que eu estou vendo? Resposta: um executivo que, sem receber qualquer orientação, se pôs na plateia, esperando que o consultor assumisse a direção do "enredo".

Ele não foi para a plateia intencionalmente, como se quisesse jogar para o consultor o comando das ações. Havia sim uma falha na metodologia que não lhe forneceu as informações sobre o funcionamento do processo, seu papel e o papel do consultor. Uma falha séria, pois o processo deve sinalizar claramente para toda a organização como a gestão deverá ser executada, não só no que diz respeito a "quem" deverá comandá-lo, mas também quanto ao teor e os objetivos do monitoramento das estratégias. O episódio foi extremamente útil para o aperfeiçoamento da metodologia. Acostumado a dar mais importância ao conteúdo, afinal se tratava do cerne da estratégia da organização, descobri, não sem alguma dor, que o processo era mais importante naquele momento. Também ficou claro que as expectativas deveriam ter sido renegociadas antes do evento, deixando claro o porquê do enredo escolhido.

Atuar de maneira predominante em apenas um dos papéis também pode acarretar inúmeros problemas para a execução dos projetos. Ao agir exclusivamente como especialista, o consultor pode perder sua capacidade de intervir de forma efetiva. É muito difícil que um projeto tenha apenas aspectos técnicos, já que invariavelmente a execução de qualquer ação prevista se dará por meio das pessoas da organização, envolvendo, portanto, uma gestão de mudança que vai além do problema técnico. Na fase inicial de levantamento das informações, a participação dos envolvidos é condição básica para que o diagnóstico seja efetivo. Ao delegar o controle do processo ao especialista, o cliente assume uma posição passiva, aguardando que a solução baixe como um "deus ex machina", sem ter o comprometimento necessário que assegure as condições de execução da solução proposta.

Certa vez, um executivo de uma empresa cliente deu um exemplo vivo de como a atitude inflexível de especialista pode afetar a relação cliente-consultor. Ele contou que, ao contratar uma empresa de consultoria para auxiliá-lo na formulação da estratégia de seu hospital, recebeu tantos conselhos, tantas recomendações infalíveis que, exasperado, às tantas exclamou ao consultor: "Se vocês entendem tanto de hospital por que é que têm uma consultoria? Vocês deveriam ser meus concorrentes!"

Por outro lado, a passividade gerada por assumir exclusivamente o papel de mão de obra pode acarretar inúmeros problemas. É natural que alguém na posição de mão de obra seja um bode expiatório facilmente imputável. Levando-se em conta que ele trabalhará segundo as premissas assumidas pela organização, o direcionamento do projeto talvez aponte para o desastre sem que o consultor possa interferir. A atitude passiva não o exime do julgamento ao término do trabalho. Seja ele passivo quanto ao desenho do projeto ou não, a responsabilidade pelo resultado é do consultor.

A atuação exclusiva como facilitador, por outro lado, pode frustrar expectativas do cliente, que em determinados pontos do projeto espera, sim, o aporte de algum conhecimento específico. O consultor pode assumir então o papel da anedota que o classifica como o profissional que cobra para falar aquilo que o cliente já sabe.

Em suma, é preciso atenção para o exercício do papel correto no momento correto. É importante aferir a expectativa do cliente em cada momento do projeto, acatá-la ou negociá-la para que o projeto possa chegar a bom termo. Na dinâmica de execução, pode não ser tão óbvio perceber as diversas variáveis que determinam a necessidade de exercício de um papel ou outro.

O DEPOIMENTO DE UM CLIENTE

A Lorenzetti S.A. Indústrias Brasileiras Eletrometalúrgicas ocupa um lugar especial em minha carreira de consultor. O Grupo Lorenzetti foi criado pelo engenheiro Alessandro Lorenzetti, que em 1923 fundou a Sociedade Tonanni & Lorenzetti, a qual se dedicava à fabricação de parafusos de precisão e veio a se tornar o gigante industrial de hoje.

É uma empresa especial: quase um século de existência e a manutenção, durante todo esse período, da inventividade de seu fundador e dos filhos Eugenio e Lorenzo, que, chegados ao Brasil em 1920, se incumbiram de dar continuidade ao sonho do pai. Uma empresa familiar, um patrimônio deste país, não só pelo sucesso de seu empreendimento econômico, mas também por algo difícil de ser percebido por um observador externo, que é sua cultura.

A fidelidade de seus dirigentes a essa cultura faz da empresa um ambiente de trabalho especial: alegre, estimulador da criatividade e instigador para que as pessoas deem o melhor de si. "A Lorenzetti acredita que seu sucesso é resultado da realização profissional de seus colaboradores em um ambiente saudável, onde pessoas e organização desenvolvem-se simultaneamente." Essa declaração não é apenas um quadro na parede ou um texto no site da empresa, mas, para aqueles que tiveram a oportunidade de conhecê-la em seu cotidiano, a percepção de que é prática diária. Os valores foram escritos *depois* – *antes* foram praticados.

Trabalhar para o Grupo Lorenzetti foi uma oportunidade de enorme aprendizado, algo realmente inesquecível na carreira de um consultor (e eles ainda me pagaram por isso!).

O diálogo a seguir transcrito, ocorrido com seu vice-presidente Eduardo José Coli, fornece fortes elementos de reflexão para o significado da atuação de um consultor de empresas e também do que uma organização espera de seu trabalho.

Autor

Eduardo, quais são as razões que levaram a Lorenzetti a contratar um consultor? Por que procurar um consultor?

Eduardo Coli

Quando nossa empresa, líder de mercado, enfrentou seu maior desafio – o crescimento sustentável –, a alta administração contratou a consultoria com o objetivo de realizar planejamento de curto, médio e longo prazos, estabelecer planos estratégicos e a metodologia para alcançá-los de acordo com os recursos existentes e implantar uma nova forma de gestão, possibilitando assim a retomada de sua competitividade.

Foi um processo dinâmico, essencial para a condução dos negócios. A gestão estratégica e o compromisso dos gerentes e colaboradores foram determinantes para o significativo crescimento da empresa e sua representatividade na conjuntura atual.

Autor

Dentre as razões para o sucesso do trabalho, qual você destacaria como determinante?

EDUARDO COLI

Em todo o processo de mudança, o olhar criterioso e a empatia da consultoria com a empresa tornaram-se fundamentais.

AUTOR

Que características o consultor deve apresentar para tornar mais efetiva sua contribuição?

EDUARDO COLI

É muito desejável que o consultor conheça tão bem a organização que pareça fazer parte de seus recursos humanos. Isso abrevia aprendizados, pois o entendimento da cultura organizacional é fundamental no processo. A experiência técnica e a sensibilidade em tornar esse processo consistente e permanente foram o diferencial que encontramos nos profissionais.

AUTOR

Se você tivesse que procurar hoje um consultor, o que gostaria que ele lhe transmitisse? Qual contribuição esperar desse consultor?

EDUARDO COLI

No atual cenário, com mudanças constantes e radicais, buscaríamos um consultor com o mesmo perfil que tanto contribuiu para a retomada do nosso crescimento e com quem compartilhamos o sucesso da empresa.

Eduardo José Coli exerce a vice-presidência executiva do Grupo Lorenzetti há uma década e soma mais de 20 anos como colaborador dessa organização.

Iniciei minha relação com o Grupo Lorenzetti quando trabalhava na Dorsey & Rocha Consultores Associados, por intermédio de seu fundador Rodolpho Rocha. Com o passar dos anos, outros consultores integraram a equipe de atendimento, como Sylvio Leite da Silva, Pedro Frascino e meu atual sócio Alexandre Vasconcellos.

Capítulo 4

Eu S.A.: montando sua empresa de consultoria

TRANSFORMAR SUAS COMPETÊNCIAS EM PRODUTOS

Independentemente de atuar como consultor associado ou em "voo solo", ou ainda utilizar a tática de abordagem do mercado como consultor visando um emprego, é preciso identificar de maneira clara sua oferta ao mercado. Sem ela será praticamente impossível fazer qualquer abordagem ativa de venda – sequer será possível identificar quem abordar! É parte integrante do desafio da profissão a abordagem ativa e voltada para o ajuste da oferta às necessidades detectadas junto aos clientes potenciais.

Para definir a oferta ao mercado, começamos uma empresa de consultoria. Um método rápido, com base no histórico profissional do indivíduo, é capaz de fornecer os elementos para se montar a Eu S.A. (não ficaria bem classificá-la como Ltda.).

O objetivo a ser perseguido nas páginas seguintes é construir o site de sua empresa na internet.[1]

---

[1] A sequência aqui apresentada, desenvolvida pelo professor Rogério Cher, tem sido aplicada para a formatação das propostas de valor de inúmeros profissionais em transição de carreira. Ela pode ser conferida também em Cher, Rogério. *Empreendedorismo na veia*. Rio de Janeiro: Campus/Elsevier, 2008.

Uma boa forma de começar esse trabalho é resgatando seu histórico profissional. Todo executivo é um solucionador de problemas. Em nossas carreiras, estamos permanentemente construindo soluções, seja para resolver problemas específicos, seja para aproveitar e desenvolver oportunidades de negócio. Vamos fazer então uma lista desses eventos, dos mais recentes para os mais distantes, como um funil:

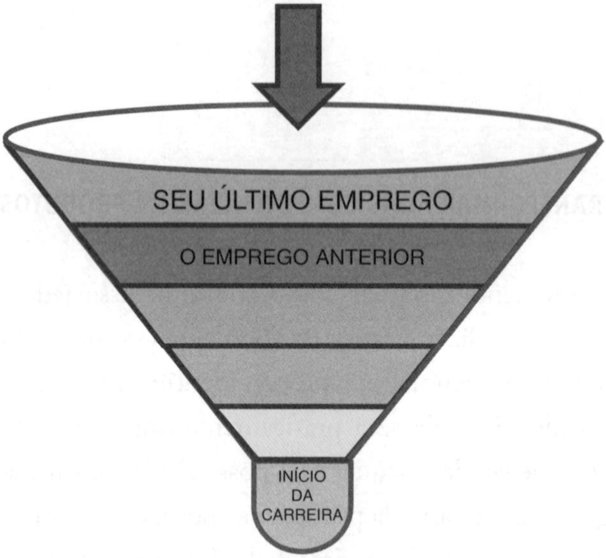

Comece pelos eventos mais recentes: faça uma lista dos problemas ou eventos ocorridos em sua empresa dos quais você participou e em que teve um papel relevante. Descreva sucintamente o episódio, sem colocar o contexto no qual o evento ocorreu. Utilize o verbo no presente do indicativo para, assim, permitir que a informação caiba à realidade de um projeto de consultoria:

Alguns exemplos:

1

A empresa não possui um plano de carreira, ou precisa modificá-lo, pois o atual não atende às necessidades das novas estratégias.	Um executivo da área de recursos humanos

2

A empresa vem perdendo mercado com sua atual linha de produtos. As marcas são muito famosas, porém incapazes de gerar o resultado desejado. A empresa precisa de novidades.	Um executivo da área de pesquisa e desenvolvimento

3

A empresa, após um período de forte crescimento, apresenta agora dificuldades para manter um crescimento sustentável e ampliar sua rentabilidade.	Um gerente geral

4

Complexidade na elaboração do orçamento de TI, em que o cálculo alocado para a manufatura nunca atende às necessidades das diversas áreas da fábrica.	Um executivo da área de tecnologia da informação

5

A área de suporte a vendas não tem dado conta dos diversos processos para encaminhamento correto dos pedidos de clientes. Há um evidente descompasso, que tem provocado muita insatisfação, tanto do cliente como dos vendedores.	Um executivo da área administrativa

Vamos então preparar uma lista mais completa, utilizando o exemplo de um profissional da área de inovação que, com base em seu histórico profissional, pinçou os eventos nos quais esteve envolvido, retirando-os, naturalmente, do contexto em que ocorreram:

PROBLEMAS		
A empresa vem perdendo mercado para seus produtos e precisa de novidades.		
A empresa vem enfrentando burocracia interna para desenvolver novos produtos e levá-los ao mercado.		
A empresa não consegue repetir com frequência projetos inovadores de sucesso.		
A empresa não consegue medir os resultados de suas inovações.		
A empresa não consegue engajar seus funcionários em buscar resultados "fora da caixa".		
A empresa não sabe como lidar com o fracasso de seus funcionários que buscam alcançar objetivos com alto grau de incerteza.		
A empresa não consegue reconhecer nem reter talentos inovadores.		

Esse profissional sabe que não viverá só da solução de problemas. Vamos verificar agora uma lista das oportunidades nas quais ele anteviu oferecer serviços:

OPORTUNIDADES		
Empresa nacional, ágil, não tem estruturado um processo para desenvolver e lançar produtos com base em necessidades do consumidor.		
Grande empresa, nacional ou internacional, não tem competência ou recurso interno para conduzir projetos de desenvolvimento de novos conceitos de produtos ou serviços.		
Grande empresa, nacional ou internacional, não figura entre os principais fornecedores junto a seu(s) mais importante(s) cliente(s).		
Média/grande empresa nacional não vê funcionários buscando maneiras novas, mais eficientes para trazer resultados excepcionais.		

Pronto, a lista de problemas e oportunidades está completa. Para que possamos continuar a identificar os elementos de nossa empresa de consultoria, precisamos agora determinar quais são os produtos (soluções e serviços) que atendem à resolução dos problemas ou ao desenvolvimento das oportunidades identificadas. Assim, nosso quadro se complementa da seguinte forma:

PROBLEMAS	PRODUTOS
A empresa vem perdendo mercado para seus produtos e precisa de novidades.	Coordenação/facilitação de planejamento estratégico da empresa. Coordenação/facilitação de times multifuncionais de projetos para inovação de produtos.
A empresa vem enfrentando burocracia interna para desenvolver novos produtos e levá-los ao mercado.	Revisão e implantação de processos para desenvolvimento e lançamento de produtos (link processos internos de gerenciamento do negócio com pipeline de inovação).
A empresa não consegue repetir com frequência projetos inovadores de sucesso.	Revisão e implantação de processo e ferramentas para sistematizar inovação na empresa – visão proativa. Criação de comunicação para promoção de resultados, aprendizados e vitórias.
A empresa não consegue medir os resultados de suas inovações.	Revisão e implantação de métricas de curto e longo prazo para medir inovação na empresa, atreladas ao processo e pipeline de inovação.
A empresa não consegue reconhecer nem reter talentos inovadores.	Implantação de programas de incentivo a ideias de qualquer área da empresa. Implantação de processo e estrutura de multiplicadores/facilitadores de inovação. Implantação de programa de reconhecimento a talentos inovadores.

Vamos acrescentar os produtos também à tabela de oportunidades:

OPORTUNIDADES	PRODUTOS
Empresa nacional, ágil, não tem estruturado um processo para desenvolver e lançar produtos com base em necessidades do consumidor.	Revisão e implantação de processos para desenvolvimento e lançamento de produtos (link processos internos de gerenciamento do negócio com pipeline de inovação).
Grande empresa, nacional ou internacional, não tem competência ou recurso interno para conduzir projetos de desenvolvimento de novos conceitos de produtos ou serviços.	Coordenação/facilitação de times multifuncionais de projetos para inovação de produtos e serviços.
Grande empresa, nacional ou internacional, não figura entre os principais fornecedores junto a seu(s) mais importante(s) cliente(s).	Coordenação/facilitação de projetos de inovação em cooperação com cliente(s), focados em atender necessidades/oportunidades do(s) cliente(s).
Média/grande empresa nacional, não vê funcionários buscando maneiras novas, mais eficientes para trazer resultados excepcionais.	Implantação de programas de incentivo a ideias de qualquer área da empresa. Treinamento em processo e ferramentas para inovação. Implantação de processo e estrutura de multiplicadores/ facilitadores de inovação. Revisão de competências de liderança da empresa e link competências para inovação com planos de desenvolvimento de indivíduos e times.

Já temos agora um quadro mais completo; só falta uma última coluna para completar nosso trabalho. Devemos determinar os benefícios que o cliente vai obter ao resolver esses problemas ou aproveitar as oportunidades com os produtos e serviços que minha empresa pode aportar.

Vejamos agora o quadro completo:

PROBLEMAS	**PRODUTOS**	**BENEFÍCIOS**
A empresa vem perdendo mercado para seus produtos e precisa de novidades.	Coordenação/facilitação de planejamento estratégico da empresa. Coordenação/ facilitação de times multifuncionais de projetos para inovação de produtos.	Geração de novos conceitos para ampliar o pipeline nos próximos anos. Validação de conceitos e plano de implantação com áreas responsáveis. Aumento de competitividade da empresa.
A empresa vem enfrentando burocracia interna para desenvolver novos produtos e levá-los ao mercado.	Revisão e implantação de processos para desenvolvimento e lançamento de produtos (link processos internos de gerenciamento do negócio com pipeline de inovação).	Aumento da eficiência da empresa. Melhora no relacionamento entre áreas.
A empresa não consegue repetir com frequência projetos inovadores de sucesso.	Revisão e implantação de processo e ferramentas para sistematizar inovação na empresa – visão proativa. Criação de comunicação para promoção de resultados, aprendizados e vitórias.	Aumento de competitividade da empresa. Aumento da autoconfiança da empresa.
A empresa não consegue medir os resultados de suas inovações.	Revisão e implantação de métricas de curto e longo prazo para medir inovação na empresa, atreladas ao processo e pipeline de inovação.	Controle eficiente sobre inovações. Maior confiabilidade para decisões sobre investimentos.
A empresa não consegue engajar seus funcionários em buscar resultados "fora da caixa".	Treinamento em processo e ferramentas para inovação. Implantação de processo e estrutura de multiplicadores/ facilitadores de inovação. Revisão de competências de liderança da empresa e link competências para inovação com planos de desenvolvimento de indivíduos e times.	Criação de cultura inovadora. Oportunidade para funcionários desenvolverem novas capacidades, aprenderem e criarem projetos não necessariamente de suas áreas de origem. Exposição de funcionários a outras áreas. Melhoria na colaboração e trabalhos em equipe.

PROBLEMAS	PRODUTOS	BENEFÍCIOS
A empresa não sabe como lidar com o fracasso de seus funcionários que buscam alcançar objetivos com alto grau de incerteza.	Implantação de banco de dados para compartilhar melhores práticas. Revisão de competências de liderança da empresa – foco *risk-taking* – e link competências para inovação com planos de desenvolvimento de indivíduos e times.	Criação de cultura inovadora. Aumento do incentivo a funcionários para se arriscarem com prudência, possibilitando desenvolvimento de inovações radicais. Melhoria nas relações entre funcionários e confiança entre equipes.
A empresa não consegue reconhecer nem reter talentos inovadores.	Implantação de programas de incentivo a ideias de qualquer área da empresa. Implantação de processo e estrutura de multiplicadores/facilitadores de inovação. Implantação de programa de reconhecimento a talentos inovadores.	Criação de cultura de inovação. Oportunidade para que os funcionários possam sugerir melhorias. Oportunidade para inovadores desenvolverem novas capacidades e criarem, sendo expostos a novos grupos, que podem se tornar seus futuros desafios.
Empresa nacional, ágil, não tem estruturado um processo para desenvolver e lançar produtos com base em necessidades do consumidor.	Revisão e implantação de processos para desenvolvimento e lançamento de produtos (link processos internos de gerenciamento do negócio com pipeline de inovação).	Aumento do conhecimento sobre consumidor pelos funcionários da empresa. Aumento da eficiência e competitividade da empresa.
Grande empresa, nacional ou internacional, não tem competência ou recurso interno para conduzir projetos de desenvolvimento de novos conceitos de produtos ou serviços.	Coordenação/facilitação de times multifuncionais de projetos para inovação de produtos e serviços.	Geração de novos conceitos para popularizar o pipeline nos próximos anos. Validação de conceitos e plano de implantação com áreas responsáveis. Aumento de competitividade da empresa.

PROBLEMAS	PRODUTOS	BENEFÍCIOS
Grande empresa, nacional ou internacional, não figura entre os principais fornecedores junto a seu(s) mais importante(s) cliente(s).	Coordenação/facilitação de projetos de inovação em cooperação com cliente(s), focados em atender necessidades/oportunidades do(s) cliente(s).	Melhoria na relação da empresa com cliente(s). Aumento do poder de influência da empresa junto aos cliente(s).
Média/grande empresa nacional não vê funcionários buscando maneiras novas, mais eficientes para trazer resultados excepcionais.	Implantação de programas de incentivo a ideias de qualquer área da empresa. Treinamento em processo e ferramentas para inovação. Implantação de processo e estrutura de multiplicadores/facilitadores de inovação. Revisão de competências de liderança da empresa e link competências para inovação com planos de desenvolvimento de indivíduos e times.	Criação de cultura inovadora. Oportunidade para todos os funcionários se sentirem comprometidos a sugerir melhorias. Oportunidade para funcionários desenvolverem novas capacidades, aprenderem e criarem projetos não necessariamente de suas áreas de origem. Melhoria na colaboração e trabalhos em equipe. Aumento no potencial de busca por maneiras diferentes para melhoria nos resultados.

Agora temos um quadro completo.

Com um quadro semelhante, você terá os elementos necessários para configurar sua empresa de consultoria.

Alguns outros exemplos podem auxiliá-lo na tarefa.

Vejamos primeiramente o exemplo de um profissional da área de tecnologia da informação:

PROBLEMAS	PRODUTOS	BENEFÍCIOS
Complexidade na elaboração do orçamento de TI: o cálculo do valor alocado para manufatura nunca atende a todos os interessados.	Revisão do processo de cálculo de alocação, deixando somente os custos conhecidos e diretos e passando a alocar os custos de desenvolvimento (folha de TI) quando demandado com base em uma estimativa da área.	Um processo orçamentário claro para todas as áreas, sem imposição de custos calculados a partir de suposições, e sim das necessidades estimadas de cada um dos departamentos.
Prédio administrativo antigo com instalações não apropriadas para seus funcionários ou visitantes e com alto grau de risco em relação à segurança do pessoal e dos ativos da empresa.	Busca por um novo prédio administrativo, junto com o dimensionamento de todas as necessidades do negócio e o planejamento e controle de sua implantação.	Uma instalação bem mais segura e digna de uma empresa que preza por sua marca, pelo bem-estar de seus funcionários e pela imagem de seus produtos. Um novo site com alta tecnologia e baixo nível de manutenção.
Sistema ERP antigo, com baixa aderência ao negócio, prestes a perder o suporte provido pelo fornecedor.	Gerenciamento de uma equipe técnica híbrida e de uma equipe operacional de usuários-chave para fazer um upgrade do sistema ERP para sua última versão.	Implantação de última versão do sistema ERP do fornecedor dentro de um prazo agressivo, sem comprometer a data de retorno das operações da empresa.
Falta de controle quando do gerenciamento de grandes projetos devido à inexistência do uso de uma metodologia estruturada.	Treinamento do pessoal e uso da metodologia PMBOK para o gerenciamento de grandes projetos.	Um controle preciso do andamento do projeto, com o monitoramento do tempo, custo e qualidade definido a partir da declaração do escopo.
Aquisição de várias operações, as quais possuíam pessoas jurídicas diferentes, com multiplicidade de funções e sistemas.	Projetos de incorporações jurídicas de empresas, centralização dos sistemas de gestão e dos processos de serviços compartilhados.	Uma máxima otimização de recursos em tempo recorde e sem comprometimento das operações, centralização da informação e processos de serviços compartilhados.

PROBLEMAS	PRODUTOS	BENEFÍCIOS
CPD vulnerável a um eventual ataque de vandalismo e sem espaço para crescimento.	Construção de uma nova e maior sala subterrânea com um forte sistema de controle de acesso e monitoramento.	Redução do risco de vandalismo e exposição do patrimônio e informações da empresa, aumento do espaço disponível para expansão.
Falta de um canal de comunicação entre a corporação e as operações de TI na América Latina.	Estabelecimento de um canal de comunicação entre as diversas unidades de negócios e a corporação nos EUA, disponibilizando uma visão de sistema e estrutural.	A possibilidade de alinhamento dos projetos corporativos, padronizações de software e hardware, compartilhamento de contratos corporativos e nivelamento de recursos.

Vejamos mais um exemplo:

PROBLEMAS	PRODUTOS	BENEFÍCIOS
A empresa não consegue crescer de modo sustentável e rentável.	Diagnóstico do mix de produtos e das vendas dos últimos 24 meses. Avaliação da rentabilidade por item e contribuição para o mix. Avaliação das propostas ganhas e perdidas nos últimos 24 meses. Desenhar o funil de vendas.	Entender qual rentabilidade dos produtos e serviços vende poderá definir ações como investimentos em aumento de eficiência, redução de custos, consórcio de compras de MP, saída de alguns mercados, entrada em outros de maior rentabilidade. O funil de vendas permite visualizar se o esforço de venda está gerando os resultados para um crescimento saudável ou se outras ações precisam ser tomadas.

PROBLEMAS	PRODUTOS	BENEFÍCIOS
Os processos comerciais precisam ser reavaliados para que a qualidade da venda seja melhor e traga maior rentabilidade.	Diagnóstico da força de venda, seu comprometimento e forma de remuneração. Avaliação da estratégia de venda, definição de mercados e foco. Análise do fluxo das informações e do processo decisório. Análise do plano de visitas e como são definidos os prospects a serem visitados (novos clientes), bem como as visitas a clientes atuais (venda nos clientes existentes). Desenho do funil de vendas.	Conhecendo-se o processo, será possível agir sobre as áreas que consomem tempo. Também poderá ser avaliado se o tempo e o custo empregados estão sendo alocados de forma eficiente e alinhada com a estratégia da empresa. O funil de venda confirma a eficácia ou não das ações comerciais.
A empresa não conhece seus custos e seu resultado real, criando problemas de rentabilidade e fluxo de caixa.	Avaliação dos custos diretos e indiretos, rateio e alocação por hora/máquina. Avaliação da eficiência real da operação e "ralos" de produtividade. Avaliação do sistema de orçamento e formação do preço de venda. Avaliação do P&L por produto (os que representam 80% das vendas).	Conhecendo-se o custo por produto, será possível saber quais deixam resultado e quais não deixam. Sobre esses poderá definir ações (aumento de preço, redução de custo, melhoria de produtividade ou saída). Poderá entender por que o resultado está no nível atual.
O nível de serviço (entregas na data) não é conhecido ou precisa ser melhorado.	Definição da necessidade dos clientes e do grau de satisfação com o nível de serviço atual. Definição da forma de cálculo do OTIF (on time delivery in full). Avaliação da eficiência da fábrica *versus* planejamento de produção. Implantação do indicador e avaliação dos desvios e causas, propondo as soluções necessárias.	O aumento da qualidade do serviço é vital para a empresa se manter no mercado. Melhorando o serviço, novos negócios passam a surgir por solicitação do cliente, e não apenas pelo esforço de visitação. A empresa passa a ser referência no mercado, alavancando mais negócios.

PROBLEMAS	PRODUTOS	BENEFÍCIOS
O budget de vendas não é realizado em bom nível de detalhe e/ou não é utilizado na projeção de lucros e perdas e fluxo de caixa.	Apresentação da ferramenta e dados necessários à elaboração do budget. Definição dos relatórios e informações desejadas. Alimentação da planilha, geração dos relatórios para avaliação do resultado. Projeção da rentabilidade do mix orçado e resultado esperado.	O budget possibilitará um adequado planejamento financeiro iniciando pelas receitas e despesas previstas mês a mês, de modo a permitir comprar nos níveis planejados ajustando inventários, estoques e caixa, bem como definir que nível de custos é suportável para aquele nível de vendas. O impacto da entrada ou saída de algum item da venda poderá ser medido instantaneamente.
A posição mercadológica da empresa não é claramente definida e comunicada ao mercado.	Análise da situação atual, mix de mercados, clientes e produtos. Definição dos mercados de interesse. Definição da proposta de valor para o mercado. Plano de comunicação baseado no posicionamento.	Uma clara definição de quem a empresa é e a que se propõe direciona os esforços da força de venda e também cria *share of mind* nos clientes compradores que passarão a consultar a empresa.

A partir desse trabalho, possuímos os elementos para definir o site de nossa consultoria.

O primeiro passo é identificar o mercado potencial, representado por todas as organizações que, pelos problemas ou oportunidades que percebo, podem ser clientes de minha consultoria.

Utilizando o trabalho anterior, definiremos o mercado potencial a partir da coluna de problemas ou oportunidades:

PROBLEMAS	PRODUTOS	BENEFÍCIOS
Os atuais desafios estratégicos da empresa tornaram inadequada sua estrutura de cargos e salários.	Levantamento do atual quadro de cargos e seu job description. Criação de nova estrutura de cargos e salários. Aprovação e Implantação.	Será possível fazer o link do plano de carreira com os requisitos estabelecidos no programa de capacitação previsto no Balanced Scorecard da Companhia. Será possível também estabelecer um programa de retenção de talentos e de sucessão.
Os custos com a folha de pagamento estão por demais elevados; precisam ser revistos sem ampliar o turn-over e a capacidade de reter talentos.	Diagnóstico amplo da estrutura organizacional, da estrutura de cargos e salários e dos mecanismos de remuneração e benefícios. Montagem de programa para simulação de alternativas. Aplicação.	A empresa obterá um painel de controle dos dispêndios com pessoal, capaz de orientar as decisões sobre contratações, demissões e promoções.
A empresa não possui um sistema adequado de remuneração variável.	Definição junto à direção dos objetivos pretendidos. Desenvolvimento das diretrizes, do sistema. Divulgação e negociação com empregados e sindicatos.	A empresa poderá alavancar seus objetivos estratégicos utilizando o sistema de remuneração variável como fator chave para a consecução de seus principais objetivos.
Após a fusão, os programas de benefícios e o plano de carreira precisam ser unificados.	Identificação dos princípios gerais e estratégias da nova empresa. Proposição de um novo Plano, baseado nesses princípios. Comunicação e Implantação.	A percepção de que o novo sistema substitui com vantagens o anterior deverá provocar forte impacto positivo no quadro de pessoal, reduzindo as tensões normalmente presentes em processos dessa natureza.

MERCADO POTENCIAL

Todas as empresas que apresentam esses problemas podem ser minhas clientes. Nesse ponto, conseguimos universalizar o que antes poderia ser apenas um item dentro de um currículo, restringindo, dado sua inserção no contexto, em vez de ampliar a possibilidade de aplicação dos conhecimentos e habilidades do profissional. O currículo pode ser comparado a um retrovisor, e ninguém dirige olhando apenas para o retrovisor. Ao fazer o site de sua empresa de consultoria, você na verdade estará construindo o currículo do futuro, do que pode vir a ser.

É necessário agora definir as diversas áreas de atuação da empresa, que provêm da coluna de produtos:

PROBLEMAS	PRODUTOS	BENEFÍCIOS
Os atuais desafios estratégicos da empresa tornaram inadequada sua estrutura de cargos e salários.	Levantamento do atual quadro de cargos e seu job description. Criação de nova estrutura de cargos e salários. Aprovação e Implantação.	Será possível fazer o link do plano de carreira com os requisitos estabelecidos no programa de capacitação previsto no Balanced Scorecard da Companhia. Será possível também estabelecer um programa de retenção de talentos e de sucessão.
Os custos com a folha de pagamento estão por demais elevados; precisam ser revistos sem ampliar o turn-over e a capacidade de reter talentos.	Diagnóstico amplo da estrutura organizacional, da estrutura de cargos e salários e dos mecanismos de remuneração e benefícios. Montagem de programa para simulação de alternativas. Aplicação.	A empresa obterá um painel de controle dos dispêndios com pessoal, capaz de orientar as decisões sobre contratações, demissões e promoções.
A empresa não possui um sistema adequado de remuneração variável.	Definição junto à direção dos objetivos pretendidos. Desenvolvimento das diretrizes, do sistema. Divulgação e negociação com empregados e sindicatos.	A empresa poderá alavancar seus objetivos estratégicos utilizando o sistema de remuneração variável como fator chave para a consecução de seus principais objetivos.
Após a fusão, os programas de benefícios e o plano de carreira precisam ser unificados.	Identificação dos princípios gerais e estratégias da nova empresa. Proposição de um novo Plano, baseado nesses princípios . Comunicação e Implantação.	A percepção de que o novo sistema substitui com vantagens o anterior deverá provocar forte impacto positivo no quadro de pessoal, reduzindo as tensões normalmente presentes em processos dessa natureza.

A COLUNA DE PRODUTOS SERÁ CAPAZ DE FORNECER AS ÁREAS DE ATUAÇÃO DE NOSSA EMPRESA.

E, finalmente, vamos identificar a missão (ou oferta ao mercado) de nossa empresa:

PROBLEMAS	PRODUTOS	BENEFÍCIOS
Os atuais desafios estratégicos da empresa tornaram inadequada sua estrutura de cargos e salários.	Levantamento do atual quadro de cargos e seu job description. Criação de nova estrutura de cargos e salários. Aprovação e Implantação.	Será possível fazer o link do plano de carreira com os requisitos estabelecidos no programa de capacitação previsto no Balanced Scorecard da Companhia. Será possível também estabelecer um programa de retenção de talentos e de sucessão.
Os custos com a folha de pagamento estão por demais elevados; precisam ser revistos sem ampliar o turn-over e a capacidade de reter talentos.	Diagnóstico amplo da estrutura organizacional, da estrutura de cargos e salários e dos mecanismos de remuneração e benefícios. Montagem de programa para simulação de alternativas. Aplicação.	A empresa obterá um painel de controle dos dispêndios com pessoal, capaz de orientar as decisões sobre contratações, demissões e promoções.
A empresa não possui um sistema adequado de remuneração variável.	Definição junto à direção dos objetivos pretendidos. Desenvolvimento das diretrizes do sistema. Divulgação e negociação com empregados e sindicatos.	A empresa poderá alavancar seus objetivos estratégicos utilizando o sistema de remuneração variável como fator chave para a consecução de seus principais objetivos.
Após a fusão, os programas de benefícios e o plano de carreira precisam ser unificados.	Identificação dos princípios gerais e estratégias da nova empresa. Proposição de um novo Plano, baseado nesses princípios. Comunicação e Implantação.	A percepção de que o novo sistema substitui com vantagens o anterior deverá provocar forte impacto positivo no quadro de pessoal, reduzindo as tensões normalmente presentes em processos dessa natureza.

A COLUNA DE BENEFÍCIOS FORNECE OS ELEMENTOS DE QUE NECESSITAMOS PARA DEFINIR A MISSÃO DE NOSSA EMPRESA.

Podemos agora construir o site de nossa empresa de consultoria passo a passo.

PASSO Nº 1: IDENTIFICANDO SUA OFERTA AO MERCADO – A MISSÃO

Como vimos, a missão é extraída da coluna de benefícios. Vejamos alguns exemplos:

1. A MODULAR SOLUÇÕES E PARCERIAS EMPRESARIAIS desenvolve soluções inovadoras por meio de alianças e parcerias, com foco nas competências da empresa e da organização, buscando redução de custos e de investimentos nos processos de implantação, crescimento, desenvolvimento, operação e logística, mudanças e reestruturações, e com o objetivo de fortalecer a competitividade, diminuir os riscos e aumentar a lucratividade e agilidade nas respostas ao mercado.
2. A missão da AUDACE INOVAÇÃO é imbuir de inovação a cultura empresarial, visando torná-la mais efetiva para antecipar e atender às necessidades de seus clientes e estimulando seus talentos a buscarem benefícios valiosos em resultados sustentáveis.
3. A missão da SOFT STAFF ASSESSORIA E CONSULTORIA EMPRESARIAL é oferecer aos seus clientes soluções que os capacitem a atingir seus objetivos estratégicos de forma ágil e sinérgica, por meio de diferenciada consultoria e assessoria tributária/societária, conjugando conhecimentos contábeis, tributários, financeiros, societários e de administração.

PASSO Nº 2: ÁREAS DE ATUAÇÃO

Como vimos, as áreas de atuação serão identificadas na coluna de produtos. Vejamos alguns exemplos:

1. A MODULAR SOLUÇÕES E PARCERIAS EMPRESARIAIS atua nas seguintes áreas:

- *Core competence*
  - Definição do que é *core* para a empresa, qual é o seu diferencial e quais são seus principais atributos e competências.
  - Concentração da área de produção e ou prestação de serviços nas atividades *core* da empresa, deixando para parceiros e alianças as demais áreas e atividades do negócio.

- Parcerias e alianças – sistema modular
  - Atração de parceiros e fornecedores para o negócio, definindo que serviços e produtos podem ou devem ser terceirizados.
  - Captação de alianças, parceiros ou investidores para o novo negócio, dividindo os investimentos, a operação e as etapas da produção no sistema de consórcio modular – reunião de parceiros e fornecedores dentro da nova planta e no mesmo parque industrial.
  - Elaboração de projeto, definição das regras e contratos e estabelecimento de parcerias de gestão e operação, com medição e apuração de resultados.

- Projetos industriais
  - Construção de toda a estrutura organizacional, incluindo funcionamento, operação e gestão das várias unidades de negócio.
  - Criação de unidades de negócio.
  - Definição de processo de reporte e relacionamento da unidade de negócio com as demais e com a matriz ou controladora.

- Projetos logísticos
  - Desenvolvimento completo de todo o sistema logístico da nova unidade de negócio.
  - Localização da empresa nas melhores regiões do país, com boas condições de acesso e malha rodoviária para circulação de cargas e distribuição de produtos, proximidade de portos, busca de benefícios fiscais e isenções de governos federal, estadual e municipal.

- Revisão do sistema de logística interno e externo em toda a cadeia de fornecimento, com projeto de terceirização das operações, criação de centros de logística e distribuição, deslocamento dos estoques de produção para fora da área principal de produção, revisão de práticas e utilização de novas ferramentas logísticas e de movimentação de material.

2. A AUDACE INOVAÇÃO atua nas seguintes áreas:

- Arquitetura de inovação
  - Revisão e implantação de processo para desenvolvimento e lançamento de novos produtos e serviços, interligado ao gerenciamento do negócio.
  - Revisão e implantação de objetivos e métricas de curto e longo prazos para medição da efetividade das inovações e da própria cultura de inovação da organização.
  - Implantação de programas de incentivo ao surgimento e apresentação de ideias inovadoras.
  - Criação de comunicação para promoção de resultados, aprendizados e vitórias.
  - Implantação de ferramentas para compartilhar melhores práticas.

- Desenvolvimento de talentos
  - Estruturação e treinamento em metodologias e ferramentas para sistematizar e multiplicar inovação na empresa.
  - Implantação de processo e estrutura de facilitadores de inovação.
  - Revisão de competências de liderança e interligação de competências para inovação com planos de desenvolvimento de indivíduos e times.
  - Implantação de programa de reconhecimento a talentos inovadores.

- Projetos
  - Coordenação/facilitação de: planejamento estratégico, projetos para inovação de produtos e serviços com times multifuncionais e com clientes.

PASSO Nº 3: MERCADO ALVO (MERCADO POTENCIAL)

Esta parte do trabalho é a simples transcrição da coluna de problemas. Vejamos o exemplo da MODULAR SOLUÇÕES E PARCERIAS EMPRESARIAIS.

1. A MODULAR SOLUÇÕES E PARCERIAS EMPRESARIAIS foca o atendimento a empresas que desejem:

   - Expandir ou mudar suas instalações para ampliar a capacidade de produção ou de prestação de serviços.
   - Expandir ou mudar suas instalações para introduzir novos produtos ou novos serviços no mercado.
   - Obter capital para investimentos e crescimento ou reduzir os riscos do negócio por meio de parcerias e alianças.
   - Mudar sua localização para ser mais produtivas devido a estarem localizadas em grandes centros urbanos, com custo de mão de obra mais alto, sofrendo com a pressão sindical, que eleva custos e encargos e reduz a jornada de trabalho.
   - Mudar suas instalações localizadas em grandes centros urbanos para outro local, a fim de reduzir custos com logística e impostos devido a dificuldades de acesso e horário restrito para circulação de cargas para recebimento de mercadorias e distribuição dos produtos, característicos dos grandes centros urbanos.
   - Mudar sua localização por estarem sendo penalizadas pelas restrições de espaço, operação, horário de funcionamento e zoneamento devido a estarem em grandes centros urbanos.

- Ampliar seus mercados no país e sua linha de produtos e/ou serviços, desenvolvendo parcerias e alianças com órgãos governamentais e empresas privadas e buscando recursos em instituições de crédito ou concessionários de serviços públicos, subsídios e incentivos.

- Instalar-se no país trazendo sua linha de produção e serviços e, para tanto, necessitem de um projeto completo de implantação, construção, *start-up* e gestão do negócio.

- Reduzir custos causados por uma logística complexa e ineficiente, buscando eficiência na linha de produção e distribuição sem aumentar a área construída, introduzindo novos produtos e agregando valor sem aumentar a área produtiva.

- Concentrar recursos e desenvolver novas tecnologias e produtos.

- Definir e focar sua principal competência num ambiente complexo e verticalizado, concentrar seus recursos e gestão nessas competências e buscar parceiros e alianças para dividir e gerir as outras áreas e etapas do processo dos seus produtos e serviços.

- Transformar suas operações em unidades de negócio, organizando a gestão e o controle da operação em diversas unidades de negócio.

- Melhorar sua produtividade, agilidade e flexibilidade por meio de parcerias e alianças.

Está pronto:

Com esse trabalho concluído, podemos agora colocar nosso time em campo. Já sabemos o que oferecer ao mercado, definimos os principais produtos de nossa empresa e também temos uma ideia básica de qual é o nosso mercado potencial.

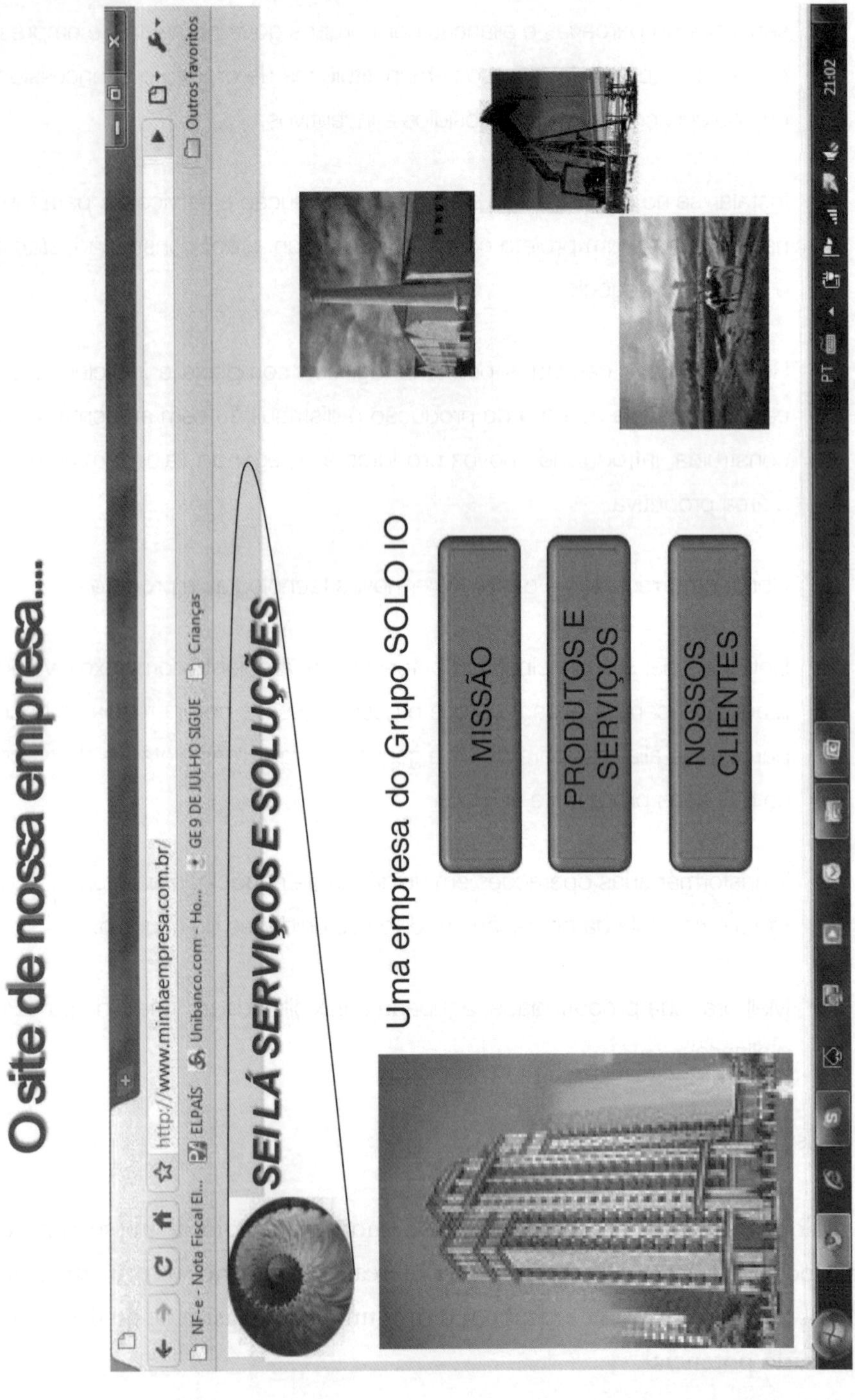
O site de nossa empresa....
NF-e - Nota Fiscal El...
http://www.minhaempresa.com.br/
ELPAÍS
Unibanco.com - Ho...
GE 9 DE JULHO SIGUE
Crianças
Outros favoritos
SEI LÁ SERVIÇOS E SOLUÇÕES
Uma empresa do Grupo SOLO IO
MISSÃO
PRODUTOS E SERVIÇOS
NOSSOS CLIENTES
PT
21:02

Porém, o mercado potencial é um conceito muito amplo. Ele é útil para que nosso radar fique ligado, detectando o que está acontecendo e orientando nossas ações para o mercado. Para que se possa de fato planejar a ação, é necessário definir o mercado de planejamento.

O mercado de planejamento é aquela parcela do mercado potencial em que percebemos maior probabilidade de obter clientes, ou maior aderência de nossas ofertas. Assim, é preciso estabelecer uma série de critérios que permitam filtrar o mercado potencial para obter o de planejamento.

Naturalmente o primeiro critério que deve ser utilizado como filtro refere-se à rede de relacionamentos, tanto aquela que temos nas empresas-alvo, com também aquela que pode nos levar às empresas-alvo.

É fundamental ter sempre em mente que consultor é como pediatra. Ninguém leva o filho no pediatra após uma consulta rápida no guia do convênio; todos nós levamos nossos filhos em médicos que nos foram indicados por amigos. *O consultor não vende processos, projetos ou produtos: ele vende confiança. Seu principal mecanismo de venda é a indicação.*

E vamos nos lançar ao mercado! Para tanto, faremos o que toda empresa faz ao abordar seu mercado:

1. Quem são meus clientes potenciais (mercado-alvo)?

2. Quem no cliente deve ser visitado (contato-alvo)?

3. Como chegar até esse contato (estratégia de aproximação)?

4. O que devo saber ou aprender antes sobre a empresa-alvo?

É importante que o consultor organize sua rede de relacionamentos antes de começar o movimento de modo a poder efetuar seus contatos de maneira mais eficaz.

O primeiro passo é dispor de uma lista de empresas-alvo: seu mercado de planejamento. Essa lista não significa que, necessariamente, você será contratado por uma das empresas ali listadas. Ela é, sim, um bom direcionamento capaz de possibilitar um movimento ordenado no mercado. Colocando-se em movimento, haverá naturalmente um descortinar de oportunidades, e a lista se torna dinâmica com a supressão e acréscimo de organizações a partir dos contatos. Traduzindo em miúdos: se você quer se aproximar de alguma empresa em que não é conhecido, precisa dar o nome dessa empresa para seus contatos. Senão, como eles vão saber?

Seria estranho se você se aproximasse de alguém de sua rede e dissesse: "Ô, arruma aí uma empresa que você conheça e me apresente que estou precisando muito de um contrato." Mais do que estranha, a atitude pareceria cômica, pois seu interlocutor provavelmente faria uma "cara de azulejo", absolutamente paralisado sem saber como ajudá-lo. Ter um mercado-alvo permite discutir suas necessidades, possibilita ao consultor ainda demonstrar suas ofertas e por fim divulgar de forma efetiva seu serviço.

Você deve agora ordenar sua rede. Para uma movimentação no mercado sua rede pode ser classificada segundo dois critérios básicos: poder de influência (o quanto seu contato pode ajudar em sua movimentação) e grau de proximidade.

Se seu contato é muito próximo e com alto grau de influência, vamos apelidá-lo de anjo da guarda. Essa pessoa talvez não seja seu contratante, porém conhece você suficientemente bem para indicá-lo, e seu grau de influência tornará essa indicação poderosa.

O gráfico a seguir ilustra isso:

As pessoas classificadas nesse quadrante conhecem muito bem sua atuação profissional, sabem do que você é capaz e podem ajudá-lo de maneira efetiva, realizando por indicação parte de sua venda.

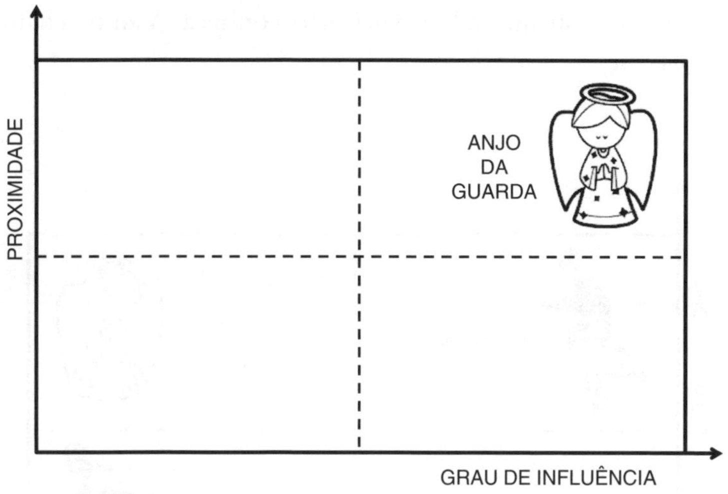

Existe um segundo grupamento importante: são os propagandistas. Pessoas de muita proximidade com você, que não possuem tanta influência, mas são elas mesmas detentoras de uma rede de relacionamentos, e portanto podem colocar você em contato com pessoas-chave em empresas de seu mercado.

Vamos acrescentá-las ao gráfico:

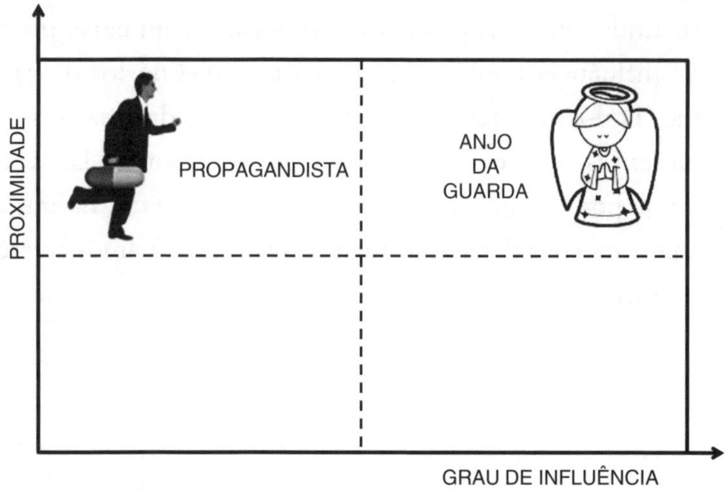

O terceiro grupamento é provavelmente constituído daquelas pessoas que podem efetivamente contratá-lo, mas estão distantes em sua rede de relacionamentos, ou que talvez você não conheça. Vamos chamá-las de amigos secretos.

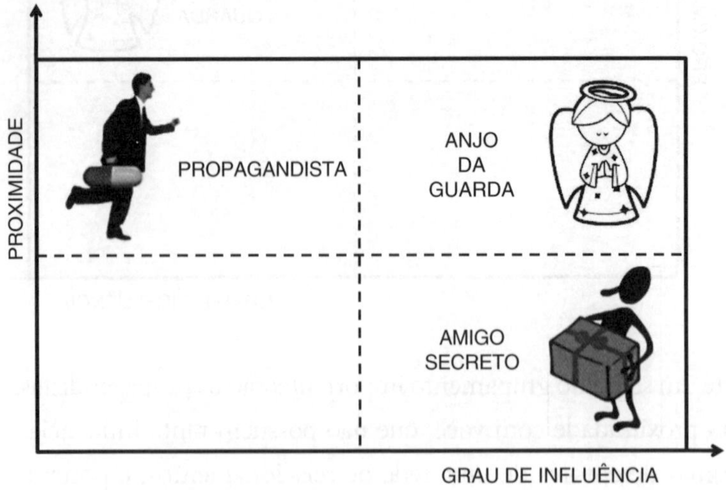

Existe ainda outro grupamento: são pessoas com baixa proximidade e grau de influência também baixo. Vamos apelidá-los de vendedores de loteria. Todos nós temos esse tipo de indivíduo na nossa rede de relacionamentos – no entanto, não podemos desprezá-las: você nunca sabe de onde pode surgir uma demanda, e, esteja certo, muitas vezes ela surge de pessoas consideradas as mais improváveis. Vamos acrescentá-las ao nosso gráfico.

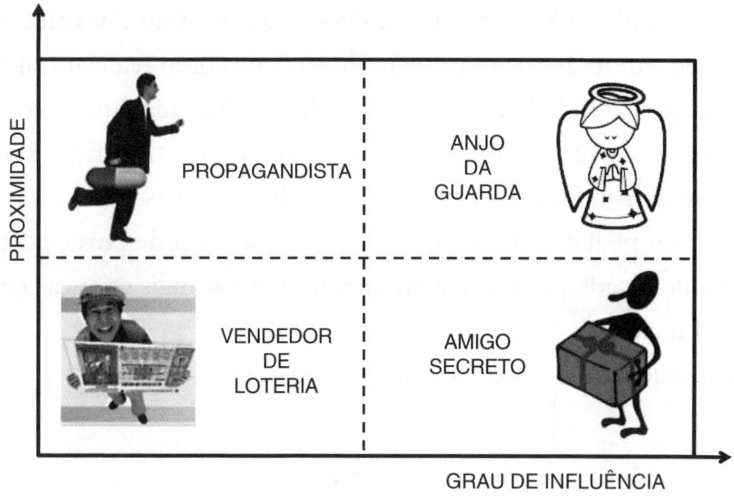

Bem, nossa rede está completa. Vamos agora ordená-la de maneira adequada ao nosso movimento.

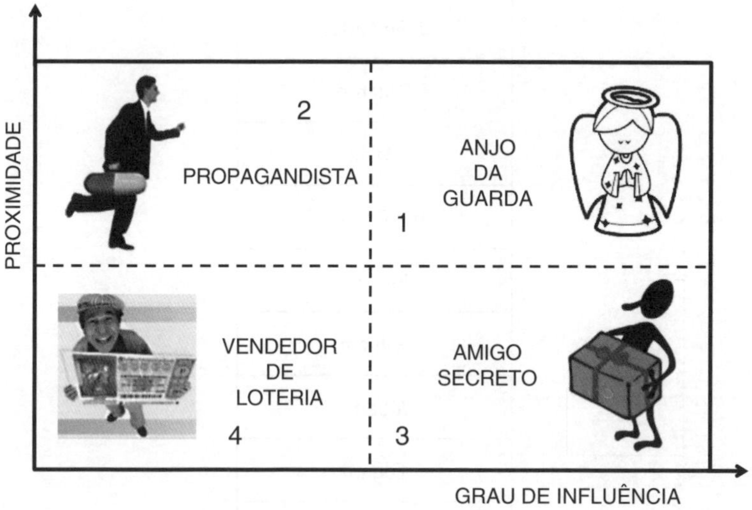

Alguém pode indagar: Por que as pessoas da minha rede que possuem um grau de influência menor (propagandistas) estão em segundo lugar enquanto aquelas que decidem foram relegadas ao terceiro posto? A resposta é bastante simples. Os chamados amigos secretos estão distantes de você em sua rede. Abordá-los em primeiro lugar seria como realizar um *cold call* com baixa probabilidade de sucesso imediato. Uma máxima deve nortear o início de nossa ação junto ao mercado: sondagem. Os primeiros movimentos são de sondagem, aproximação gradual de nossos objetivos. Basta se lembrar do pediatra. Imagine a cena dele batendo de porta em porta e perguntando a cada pessoa: a senhora tem uma ou mais crianças em casa? Será que funcionaria?

Agora ordenamos nossa rede de relacionamentos:

Meus contatos
Alfredo
José
Renato
João Carlos
Eduardo
Maria
Ana Cristina
Ricardo
William
Alberto
Edgard
Nelson
Marcos

E assim por diante...

Vamos inserir a empresa onde eles trabalham ou então de onde o conheci:

Meus contatos	Empresa onde trabalham
Alfredo	Nestlé
José	Ford
Renato	Itaú
João Carlos	RIP Intl
Eduardo	Banco Fineas
Maria	Rumbo
Ana Cristina	Hammer & Nail
Ricardo	Chien & Cat
William	WMF
Alberto	Ongles & Viande
Edgard	Colega da faculdade
Nelson	Bamboo Indust. e Comércio
Marcos	Notebem Produtos Hospitalares

E acrescentamos nosso mercado-alvo:

Mercado-alvo	Meus contatos	Empresa onde trabalham
	Alfredo	Nestlé
	José	Ford
	Renato	Itaú

Mercado-alvo	Meus contatos	Empresa onde trabalham
	João Carlos	RIP Intl
Fineas Assistencial	Eduardo	Fineas Assistencial
	Maria	Rumbo
	Ana Cristina	Hammer & Nail
	Ricardo	Chien & Cat
	William	WMF
Ongles & Viande Cliniques	Alberto	Ongles & Viande
	Edgard	Colega da faculdade
	Nelson	Bamboo Indúst. e Comércio
Notebem Produtos Hospitalares	Marcos	Notebem Produtos Hospitalares
Boop Gastroclínica	Marcelo Matos	Boop Gastroclínica
Komodói Assist. Médica		
Hospital Kuratudo		
Ortopedia São Perneta		
Maternidade São Seusfilhos		

Podemos notar que o consultor de nosso exemplo tem seu mercado-alvo centrado no segmento de saúde. Notamos também que, em algumas instituições que ele pretende ter em seu mercado-alvo, ele não possui nenhum contato. Essa é uma excelente dica da estratégia a seguir.

Vamos agora acrescentar a classificação de acordo com nosso gráfico da rede de relacionamentos:

Mercado-alvo	**Meus contatos**	**Empresa onde trabalham**	
	Alfredo	Nestlé	1
	José	Ford	2
	Renato	Itaú	2
	João Carlos	RIP Intl	1
Fineas Assistencial	Eduardo	Fineas Assistencial	2
	Maria	Rumbo	1
	Ana Cristina	Hammer & Nail	2
	Ricardo	Chien & Cat	1
	William	WMF	2
Ongles & Viande Cliniques	Alberto	Ongles & Viande	1
	Edgard	Colega da faculdade	2
	Nelson Almeida	Bamboo Indúst. e Comércio	4
Notebem Produtos Hospitalares	Marcos	Notebem Produtos Hospitalares	3
Boop Gastroclínica	Marcelo Matos	Boop Gastroclínica	3
Komodói Assist. Médica			
Hospital Kuratudo			
Ortopedia São Perneta			
Maternidade São Seusfilhos			

E então ordenamos tudo:

Mercado-alvo	Meus contatos	Empresa onde trabalham	
Ongles & Viande Cliniques	Alberto	Ongles & Viande	1
	Alfredo	Nestlé	1
	João Carlos	RIP Intl	1
	Maria	Rumbo	1
	Ricardo	Chien & Cat	1
Fineas Assistencial	Eduardo	Fineas Assistencial	2
	Edgard	Colega da faculdade	2
Notebem Produtos Hospitalares	Marcos	Notebem Produtos Hospitalares	2
	José	Ford	2
	Renato	Itaú	2
	William	WMF	2
	Ana Cristina	Hammer & Nail	2
Notebem Produtos Hospitalares	Edmilson	Notebem Produtos Hospitalares	3
Boop Gastroclinica	Marcelo Matos	Boop Gastroclinica	3
	Nelson Almeida	Bamboo Indust. e Comércio	4
Komodói Assist. Médica			
Hospital Kuratudo			
Ortopedia São Perneta			
Maternidade São Seusfilhos			

Com esse ordenamento fica bem mais fácil estabelecer a estratégia de contatos visando a venda de sua consultoria. Naturalmente, cada contato exigirá uma preparação específica. É bom ressaltar que os anjos da guarda e os propagandistas representam um papel fundamental em sua movimentação no mercado; a eles a informação que deve ser dada diz respeito aos seus objetivos, sua oferta ao mercado e o tipo de apoio que eles poderão lhe dar. Não se trata, portanto, de sair por aí propagando seu glorioso passado profissional (por mais glorioso que ele tenha sido), pois essas pessoas o conhecem e precisam saber o que você pretende fazer e como.

Uma boa forma para iniciar a preparação de um contato é registrar a continuação da seguinte frase: "Ao término deste encontro eu terei..." Complete a frase destacando três ou quatro objetivos desse contato.

É importante também que você pense no que pode ofertar para esse contato, completando a frase: "Ao término de nosso encontro, meu contato terá..."

Com essa pequena preparação, você terá em mãos um poderoso guia para a conversação e uma forma simples de tornar seu contato muito mais efetivo.

NOVAMENTE, COM A PALAVRA O CLIENTE

O Hospital Samaritano é, sem dúvida, uma das empresas clientes que marcam profundamente a carreira de consultor. Com mais de um século de existência, parece conter nos alicerces a força inspiradora de sua origem.

O hospital foi fundado em 1890, fruto dos recursos provenientes do legado de um imigrante chinês, José Pereira Achao. Rico comerciante, teve o tratamento recusado por várias instituições de saúde devido à sua condição religiosa e, sem herdeiros, destinou sua fortuna à construção de um hospital que tivesse como valores básicos a filantropia, o ecumenismo e uma visão humanística dos cuidados da saúde.

O diálogo transcrito a seguir foi travado nos corredores dessa centenária instituição; é uma rápida entrevista com José Antonio de Lima, diretor superintendente. Esse médico, que marca de maneira indelével sua passagem pela direção da instituição, parece, para muitos, a reencarnação de seu homônimo chinês, tal é seu compromisso com os ideais humanitários que alicerçam a história do hospital. A ele minha homenagem e, principalmente, o agradecimento pelo aprendizado e pelo exemplo.

Autor

Por que uma instituição secular como o Hospital Samaritano contrata um consultor?

José Antonio de Lima

Para agregar uma visão inovadora, que venha principalmente de outros setores produtivos não inseridos na empresa, a fim de trazer valor ao contexto da instituição. Por isso se contrata para demandas pontuais, pela alta especialização e velocidade no diagnóstico, no desenvolvimento de implantação e inclusive nos resultados.

Autor

Que tipo de contribuição ele pode dar? O que é esperado dele?

José Antonio de Lima

Imparcialidade nas percepções e melhores recomendações técnicas. O consultor traz uma visão externa das boas práticas (qualidade, processos, governança, área de conhecimento etc.) que podem ser incorporadas tanto de outros setores, como do mercado de saúde, do segmento hospitalar e da concorrência para a melhor tomada de decisão. Está sempre atualizado com as melhores práticas e alta tecnologia, em âmbito nacional e internacional. O consultor consegue construir, na forma mais eficiente e no tempo mais ágil, a equipe mais adequada e que reúne as melhores competências para a solução do problema.

Autor

Como uma organização deve se preparar para receber o trabalho de um consultor?

José Antonio de Lima

Primeiramente, a liderança deve preparar o clima institucional, permitindo ao consultor um ambiente receptivo para que possa imergir de modo tranquilo na cultura da empresa e obter o melhor resultado em seu trabalho. A estrutura deve estar disponível tanto em recursos físicos e tecnológicos como em recursos humanos. Deve sempre ter profissionais destacados que possam adquirir o know-how, incorporando-o na instituição.

Tem de haver uma comunicação interna estruturada, para que as pessoas saibam como melhor utilizar esse conhecimento pontual na organização. É importante ter claro o que se espera do consultor, saber o que efetivamente deve ser feito, como cobrar e em que tempo. E nunca permitir que a consultoria se confunda com a operação.

Autor

Quais características/qualidades esse consultor deve apresentar para merecer a contratação?

José Antonio de Lima

Precisa ter um histórico profissional à altura do trabalho a ser contratado, ser ético; tem de gerar empatia, conhecimento técnico comprovado, ser imparcial e estar comprometido para atender a expectativa da instituição, tanto no conteúdo do trabalho quanto no cronograma proposto. Ou seja, inspirar credibilidade.

José Antonio de Lima: médico e administrador pela Fundação Getulio Vargas/Prohasa, ocupou cargo de diretor clínico no Hospital Heliópolis no período de 1985 e 1987. Atuou como conselheiro do Cremesp (Conselho Regional de Medicina do Estado de São Paulo) de 1988 a 2003. Membro do Conselho da AACD. Até o ano de 2012, ocupou o cargo de superintendente geral do Hospital Samaritano, onde foi responsável pelo processo de reposicionamento do hospital no mercado de saúde, com a construção de uma nova abordagem comercial e o consequente fortalecimento da relação entre prestadores e operadoras. Liderou também o processo de Acreditação pela Joint Commission International (JCI), mais importante órgão certificador do segmento de saúde. Teve papel fundamental, ainda, na implementação de parcerias público-privadas no hospital. Ocupa o cargo de superintendente corporativo do Hospital Samaritano com a missão de manter a instituição na gestão assistencial e nas ações na área de responsabilidade social. No final de 2005, foi nomeado presidente da ANAHP (Associação Nacional dos Hospitais Privados) para a gestão 2005-2008. Atualmente é diretor de economia médica da APM.

VENDER CONSULTORIA

Certa vez, em um desses chás de cadeira em aeroporto que a gente costuma tomar de vez em quando, conheci uma pessoa muito interessante.

Estávamos ambos entediados com a longa espera quando foi anunciado que nosso voo estava definitivamente adiado para dali a três longas horas. Decidimos, então, regar essas horas com uma cerveja gelada e boa conversa, pois nada mais restava fazer.

De imediato, ele perguntou minha profissão e, diante de minha afirmação de que eu era consultor, fez um comentário intrigante:

– Rapaz, vender consultoria acho que é tão difícil quando vender plano de saúde – disse com autoridade.

Fiquei intrigado. Para mim não havia nenhuma semelhança. Afinal, o que esse cara entendia de consultoria? Nem bem havíamos nos conhecido, e ele já vinha com uma afirmação tão categórica.

Indaguei-lhe as razões de sua afirmação.

– Ora, bolas, claro que é a mesma coisa! – ele respondeu. – Primeiro porque você vai vender uma coisa intangível que o cara não consegue ver ou pegar. O que o cara no fundo, no fundo está comprando é um carnê, com um monte de prestações caras. Segundo, ele nem sabe se precisa. E por último, amigo, acho que consultoria é que nem plano de saúde porque ninguém gosta de usar.

Tive de ceder e admitir que era razoável; havia sim muita semelhança. Vender competências é oferecer algo intangível e que, muitas vezes, o comprador não sabe que precisa.

Perguntei-lhe então como fazia para vender.

Imediatamente ele respondeu:

– Você tem de fazer o cara declarar que precisa disso!

A lógica era evidente. A pessoa somente vai comprar se declarar sua necessidade!

Isso dá a tônica de nossos contatos ativos no mercado: dirigir-se a ele interessado nas necessidades do outro e não na nossa (que é arrumar trabalho). *O segredo da venda de competências está em, diante das necessidades do nosso contato, demonstrar-lhe que podemos atendê-lo.*

Precisamos desenvolver as necessidades e torná-las explícitas. Isso pode parecer muito difícil, mas uma coisa é fato: uma pessoa somente compra algo se declarar que tem uma necessidade.

E existem diferentes classes de necessidades. As implícitas, aquelas que o indivíduo não percebe que tem, e as explícitas, quando há uma declaração clara e o desejo de atendê-la. *Qualquer processo de venda bem-sucedido é aquele capaz de transformar uma necessidade implícita em explícita.*

Temos de levar em conta também que vender algo intangível não é exatamente a mesma coisa que vender uma bijuteria ou um cacho de uvas na feira. Estas são vendas de ciclo curto, muito rápidas e que exigem do vendedor uma boa exposição de seus produtos e uma proximidade com o cliente para rapidamente fechar o negócio.

Numa barraca de feira, as mercadorias ficam expostas (a vitrine tem muita importância), pois o mercado potencial passa em frente à sua banca. Também a concorrência está logo ao lado; o vendedor precisa prender a atenção do cliente, maximizar sua venda e fechá-la rapidamente para que a oportunidade não escape.

No caso de um consultor, o mercado potencial não passa na frente de sua banca – ele está disperso, e o vendedor tem de ir atrás dele. Exposição vale pouco. Uma vitrine de feitos anteriores pode até surtir algum efeito, porém a atenção do cliente não está voltada para as características, ou para o histórico do vendedor, pois não é isso o que ele quer comprar. O ciclo de venda é longo, e obviamente o objetivo do vendedor não pode ser fechar rapidamente o negócio. A meta a cada encontro tem forçosamente de ser obter o compromisso para continuidade da relação, e não para uma venda imediata.

Vendas de ciclo longo exigem muita preparação e, principalmente, técnica.

Um dos aspectos importantes desse processo de venda é que o vendedor deve falar pouco. Características não vendem, esta é uma regra básica em vendas. Assim, de pouco adianta o vendedor “deitar falação” sobre como as coisas devem ser ou o que pode ser feito. Ele corre um sério risco de expor o que não é necessário, aborrecer seu cliente e não chegar a lugar nenhum.

Recordo-me de um episódio interessante ocorrido em uma revenda de automóveis perto de minha casa. A montadora estava lançando um novo modelo de camionete, uma eterna paixão minha. Eu estava de folga e interrompi minha atividade esportiva (estava andando de bicicleta) e comecei a observar o carro. De dentro da revenda saiu uma vendedora muito esperta que, imediatamente, começou uma conversa comigo. Sua primeira frase:

– Bom dia! Vejo que o senhor gosta de camionete. O senhor tem uma?

Respondi que sim. Ela afirmou ser proprietária de uma também, e começamos uma interessante conversa sobre a paixão por esse tipo de veículo.

No mesmo momento, ao lado a montadora também estava lançando um novo sedã. Um senhor bastante mais bem-vestido que eu, pois estava de terno e gravata, acercou-se do veículo e também de dentro da revenda saiu um vendedor aflito e esbaforido. A cena que se seguiu foi hilariante. O vendedor ansioso começou a desfilar as características do automóvel.

– Aposto que o senhor não conhece este nosso novo modelo – desafiou o vendedor. – Pois o senhor não consegue imaginar a quantidade de aperfeiçoamentos que eles colocaram neste veiculo. Ele tem 180HP, 32 válvulas no cabeçote. É capaz de atingir 100km/h em apenas 6,2 segundos e possui freios ABS. Além disso – continuou o incansável vendedor –, ele possui muito itens de segurança, como, por exemplo, dez airbags. Ele tem airbag no teto, airbag no chão, airbag na porta e onde o senhor possa imaginar.

E terminou perguntando:

– O senhor gostaria de conhecer os nossos excepcionais planos de financiamento?

O enfadado senhor de terno retrucou:

– Não, obrigado, meu filho. Eu apenas queria uma informação. Existe um cartório aqui perto?

Não pude conter o riso. O coitado do vendedor havia gastado quarenta litros de saliva, e o cara queria ir ao cartório!

Por outro lado, acabei comprando a camionete alguns meses depois. A vendedora, muito hábil, havia estabelecido uma relação de confiança comigo, e no momento em que decidi trocar de carro fui procurá-la.

Essa pequena história é engraçada, porém exemplifica muito do que acontece em venda de serviços de consultoria. Vendedor erra quando fala muito. Ao contrário do tagarela, a vendedora que me abordou fez uma série de perguntas. Sobre o uso que eu fazia da camionete, sobre as razões para ter adquirido uma, sobre as qualidades que eu mais apreciava em meu veículo. Perguntas vendem e propiciam ao interlocutor um juízo de valor sobre o vendedor.

As perguntas podem ser abertas ou fechadas. Perguntas fechadas são aquelas rapidamente respondidas com sim ou não. Já as abertas estimulam a pessoa a falar e ensejam a continuidade da conversa. Por exemplo:

Consultor:

– É você que decide sobre como são distribuídos os recursos para os investimentos na América Latina?

Cliente:

– Não, não sou eu quem decide isso.

Pronto, a conversa travou! Como continuar? É como bater numa parede. Pode-se lamentar o fato ou enaltecê-lo, porém é como se ocorresse uma quebra. O fio da meada precisa ser reconstruído.

Retomemos o mesmo exemplo, utilizando agora perguntas abertas:

Consultor:

– Como são tomadas as decisões para distribuição dos investimentos na América Latina?

Cliente:

– *Centralizadamente, tudo é decidido na matriz.*

Consultor:

– *E que tipo de implicação isso acarreta para a consecução de suas estratégias de negócio?*

A conversa segue seu rumo, e o consultor-vendedor pode continuar o diálogo como quem sobe uma escada, baseando o próximo passo na resposta anterior.

No caso a seguir, podemos verificar algumas das características importantes no processo de venda.

O caso do Hospital Mater et Magistra

1. PERSONAGENS

a. Contatante: Eduardo, consultor de organizações.

b. Contato: Dr. Mathias, diretor do hospital.

c. Apresentante: Carmelina, uma amiga comum.

2. INFORMAÇÕES SOBRE OS PERSONAGENS

a. Eduardo, economista – tem grande vivência no desenvolvimento, implantação e monitoramento de sistemas de gestão baseados em planejamento. Já realizou diversos trabalhos em instituições complexas, principalmente fundos de previdência privada. Interessou-se pelo caso do Hospital Mater et Magistra por ter lido notícias nos jornais e por entender que seu apoio pode ajudar a instituição.

b. Dr. Mathias – é profissional consagrado no meio hospitalar. Foi responsável pela recuperação de grandes hospitais privados em São Paulo, no Rio de Janeiro e em Goiás. Atualmente dirige um hospital filantrópico em sérias dificuldades financeiras. Mathias é amigo de Carmelina e topou receber Eduardo, pois ela lhe falou a respeito do trabalho que ele desenvolveu em diversas empresas, em particular grandes fundações de previdência privada.

3. A REUNIÃO

MATHIAS

Olá, Eduardo! Boa tarde. Sente-se, por favor.

EDUARDO

Boa tarde, Mathias. É um prazer conhecê-lo! Muito obrigado por me receber. Carmelina falou bastante a seu respeito.

MATHIAS

Bem, eu espero.

EDUARDO

Naturalmente. Contou-me em detalhes suas aventuras pelos diversos hospitais que você administrou e falou um pouco sobre o desafio atual.

MATHIAS

E que desafio! Mas diga-me, Eduardo, em que posso ajudá-lo?

Eduardo

Bem, não sei se Carmelina lhe falou. Eu desenvolvi muitos modelos de gestão em empresas dos mais diferentes segmentos e, no momento, tenho como alvo o mercado de saúde. Assim, Mathias, o que eu quero com esta visita é conhecê-lo, que você também me conheça e que na troca de ideias eu possa verificar a adequação de minha pretensão em apoiar o hospital neste momento. Porém não quero tomar seu tempo. De quanto dispomos?

Mathias

Reservei esta última meia hora do dia para nosso encontro. Imagino que você deva ter um currículo.

Eduardo

Na verdade não. Atuo como consultor e neste momento estou numa fase de exploração desse mercado. E informações sobre seu funcionamento são preciosas para mim.

Mathias

Informações? Que tipo de informações?

Eduardo

Sobre gestão hospitalar. Tenho muita curiosidade em saber, por exemplo, quais os principais desafios de um gestor à frente de uma instituição do porte do Mater et Magistra.

Mathias

Inúmeros, Eduardo. Esta é uma questão difícil. São tantos, mas vou tentar enumerar alguns.

EDUARDO

Você não se importa que eu faça anotações? Não quero me perder.

MATHIAS

Fique à vontade!

Bem, vamos lá. Acho melhor eu pautar pela própria história aqui do Mater. Logo que assumi...

EDUARDO

Isso foi no final de 2008?

MATHIAS

Sim, final de 2008. A situação era muito séria do ponto de vista financeiro. Tive que tomar uma medida drástica que foi desativar todos os leitos destinados ao SUS, pois eles contribuíam de maneira significativa para o déficit da instituição.

EDUARDO

Imagino que isso deve ter acarretado inúmeros problemas.

MATHIAS

Vários. Como você sabe, o hospital é mantido por uma ordem religiosa. A congregação simplesmente não aceitava a ideia de deixar de fazer o atendimento gratuito. Por outro lado, um segundo capítulo, mais grave, estava presente: a necessidade de demitir pessoas.

EDUARDO

Posso imaginar a confusão! Deve ter havido implicações sérias em toda a estrutura.

MATHIAS

Sem dúvida. Fiz um trabalho muito intenso junto à congregação e creio que as freiras só toparam a parada porque a situação era realmente insustentável. Longe de ser uma unanimidade, a decisão precisa ser negociada constantemente. Internamente, as demissões (foram mais de 300) abalaram demais o clima interno, pois numa instituição como esta o turn over era praticamente zero até minha chegada.

EDUARDO

Porém, apesar desses impactos, a situação do hospital melhorou. Hoje ele é viável.

MATHIAS

Viável, porém temos ainda muitos desafios pela frente.

EDUARDO

Ainda ligados à recuperação da saúde financeira da instituição?

MATHIAS

Não, na verdade são desafios ligados ao futuro da organização. Concluído o básico da recuperação, o próximo desafio será criar bases sólidas para seu futuro.

EDUARDO

Como, por exemplo...

MATHIAS

Inúmeros. Você sabe, um hospital é uma empresa muito difícil de administrar. Sua estrutura física é complexa: é uma mistura de hotel, indústria, restaurante, lavanderia, laboratório e por aí vai. Não bastasse isso, os "atores" envolvidos têm interesses sempre conflitantes. Operadoras de saúde e hospitais mantêm um relacionamento tenso e nem sempre amistoso. Temos vários clientes: o paciente, seu acompanhante, o médico – este um cliente importante, pois é quem traz o paciente. Tamanha complexidade lança muitos desafios, como buscar o equilíbrio financeiro, acreditação hospitalar para ampliar a atratividade aos médicos, manter um corpo clínico altamente especializado. Hoje, por exemplo, somos referência em procedimentos de transplante de medula, porém preciso manter o hospital atraente ao médico que chefia a equipe, pois é ele que faz com que sejamos referência.

Eduardo

Não é fácil! Muitas coisas precisam ser feitas.

Mathias

Sim, muitas coisas precisam ser feitas. E não podemos esquecer que eu ainda prometi às irmãs que em 2011 iniciaríamos a reabertura dos leitos do SUS. Vai ser uma batalha!

Eduardo

E quais os impactos que todas essas variáveis têm no sistema de gestão?

Mathias

O primeiro deles é manter a coesão dos "atores" internos em torno do que precisa ser feito. A congregação precisa estar convencida dos passos a serem dados e apoiar a diretoria. Esta, por sua vez, precisa estar coesa em torno do que precisa ser feito. O ano de 2011 impõe pressa e dá pouca margem de erro. O corpo de funcionários precisa atuar fortemente na mesma direção, principalmente a enfermagem, que é a espinha dorsal de qualquer hospital.

EDUARDO

Atrevendo-me a traduzir: você está dizendo que será necessário elaborar um plano e, em médio prazo, colocá-lo para rodar e monitorá-lo?

MATHIAS

Não me fale isso! Em 2004, já com a situação do hospital bastante séria, Irmã Marta (superintendente geral) contratou uma dessas grandes consultorias. A experiência foi terrível. Os caras chegaram aqui, não levaram em conta o que uma ordem religiosa quer de uma instituição como esta, trataram o hospital como se fosse uma multinacional. Deram um monte de palpites, levaram um monte de grana e deixaram as irmãs pensando que planejamento é sinônimo de Satanás.

EDUARDO

Entendo isso, Mathias. Vivi uma situação semelhante no plano de saúde Salus. A afirmação do presidente do plano para mim foi contundente: "Se esse caras (da consultoria) manjam tanto de assistência médica, por que é que eles têm uma consultoria e não uma operadora de saúde?" Tive de provar a ele que a única forma de fazer planejamento que funciona é construí-lo de dentro para fora da organização, fornecendo método, e não proposições alienígenas.

MATHIAS

Acho que Irmã Marta não seria tão gentil com essas consultorias. Ela ficou realmente muito brava com o que aconteceu.

Eduardo

Mathias, esse episódio da Salus foi muito interessante. Iniciamos o processo exatamente buscando a coesão dos principais dirigentes. Lá também eu tinha um conselho de administração muito presente e que precisava ser integrado ao esforço. Também tivemos que trabalhar fortemente com as bases, pois a organização era grande e complexa, com características que a distinguem de uma multinacional.

Mathias

Você teve sucesso?

Eduardo

Puxa, acho que posso me orgulhar disso. A prova é que a fundação mantém funcionando até hoje o modelo de gestão que foi desenvolvido desde 2006. Você não gostaria de que o hospital tivesse um modelo semelhante?

Mathias

Sem dúvida! Mas certamente não temos os recursos que uma previdência privada dispõe, e, de mais a mais, a Irmã Marta não pode nem ouvir falar em consultoria.

Eduardo

Não me refiro à consultoria. Creio que podemos fazer isso de várias formas.

Mathias

Empregá-lo está fora de cogitação. Não temos qualquer possibilidade de aumentar o quadro.

Eduardo

No momento o que importa é o que fazer, o como fica para depois. Mathias, se você me permitir, gostaria de elaborar um pré-projeto e, posteriormente, apresentá-lo a você e à Irmã Marta. Confio que posso reverter a expectativa negativa dela e apresentar um plano de trabalho capaz de criar as condições que você deseja.

Mathias

Faça isso, Eduardo. Faça aí seu pré-projeto e voltaremos a conversar. Mas vou lhe avisando, não vai ser fácil, e se fosse você não alimentaria qualquer esperança. Eu preciso estar muito seguro do que propor, não tenho margem para qualquer erro, e a Irmã Marta é osso duro de roer.

Eduardo

Estou convencido de que posso desenhar um projeto que lhes dará tranquilidade. Em uma semana envio a você e marcamos o papo. Muito obrigado por me receber e pelo seu tempo.

Mathias

Foi um prazer conhecê-lo. Dê lembranças à Carmelina!

Eduardo

Serão dadas. Mais uma vez, obrigado!

Esse caso com base em fatos reais é bastante ilustrativo no que diz respeito às técnicas de venda. Indubitavelmente, o consultor Eduardo teve sucesso. Ele conseguiu ao término do encontro obter do cliente o compromisso para continuidade da conversa.

Podemos começar a investigação sobre as razões do sucesso de Eduardo enumerando as coisas que ele fez ou deixou de fazer durante essa visita. Vejamos:

- É fácil observar que Eduardo se preparou bastante para o encontro. Ele tinha informações sobre o Mater et Magistra, sobre o Dr. Mathias e também sobre a mecânica de funcionamento dos hospitais.

- Não levou consigo um folder ou currículo, nem ficou discorrendo longamente sobre seu passado como consultor.

- Lidou calmamente com as objeções contornando-as delicadamente e sem se abalar.

- Não emitiu juízos de valor.

- Demonstrou interesse legítimo pelas questões do hospital.

- No momento propício, soube alinhar suas capacidades às necessidades apresentadas pelo Dr. Mathias.

- Em nenhum momento tentou fechar a venda. Sabia claramente que este era apenas o primeiro passo.

Outro aspecto interessante do comportamento do Eduardo foi a escolha de como desenvolver o tema que estava em sua área de competência. Podemos observar que o Dr. Mathias, ao relatar a situação do hospital, levantou uma série de questões referentes:

- Ao relacionamento com as operadoras de saúde.

- Ao clima organizacional resultante da reestruturação feita.

- Ao impacto havido na comunidade com o fechamento dos leitos gratuitos.

- Ao relacionamento com a comunidade médica.

- Ao relacionamento com a congregação e tantos outros.

Eduardo buscou desenvolver o tema que estava dentro de sua área de competência: a necessidade de alinhamento estratégico de toda a organização.

Podemos assim perceber que Eduardo seguiu um roteiro. De maneira natural, mantendo seu foco, sem parecer ao interlocutor que ele estava fazendo um interrogatório.

Um esquema desse roteiro:

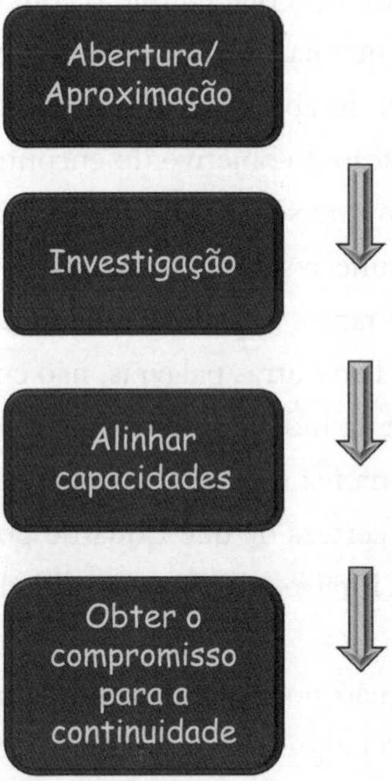

Como vemos, o roteiro é bastante simples, e seu objetivo principal é estabelecer a relação inicial entre consultor e cliente e obter o compromisso para a continuidade da conversa.

Ela é apenas o princípio da venda. Nela serão obtidos os elementos necessários para uma proposição básica. A venda propriamente dita é um processo que pode ter diversos episódios.

Ao observar o comportamento de Eduardo, percebemos que ele inicia o encontro, na fase de abertura, observando alguns pontos que são essenciais. Sua primeira fala tem como objetivo reforçar ou relembrar o elo que propiciou a conversa. Ele começa lembrando a amiga comum – Carmelina –, que foi quem o indicou. Esse é um fator essencial; é necessário criar um terreno comum, confortável. Um vínculo mínimo necessário para o conforto de ambos. Em resumo, qualquer que seja o elo estabelecido convém sempre iniciar a conversa reforçando-o.

O passo seguinte da conversa foi a declaração do objetivo. Apenas para relembrar: "Assim, Mathias, o que eu quero com esta visita é conhecê-lo, que você me conheça e que na troca de ideias eu possa verificar a adequação de minha pretensão de apoiar o hospital neste momento." Clareza e transparência na declaração do objetivo do encontro, isso é o que importa. Como em consultoria o que se está vendendo é uma relação, é impossível imaginar que isso comece sem uma declaração clara e sincera sobre os objetivos da visita. Para tanto, a qualidade da indicação que possibilitou o contato é fundamental. Em outras palavras, não existe venda "pé na porta" – isso torna a qualidade da indicação fator crítico de sucesso da interação. Naturalmente, Carmelina fez um bom trabalho ao perceber as necessidades do Dr. Mathias e a certeza de que Eduardo poderia ajudá-lo. É muito difícil crer que sem uma intermediação de qualidade se consiga lograr qualquer sucesso.

Um último detalhe não pode ser deixado para trás. Eduardo termina essa etapa de introdução perguntando de quanto tempo dispõe para a conversa. É uma questão básica, um requisito de boa educação e uma informação importante para o controle do desenrolar de toda a entrevista. Caberá ao consultor, e não ao contatado, controlar o tempo. É fundamental não invadir o espaço de trabalho e os afazeres do seu contato.

Assim, vejamos a figura referente à etapa do roteiro.

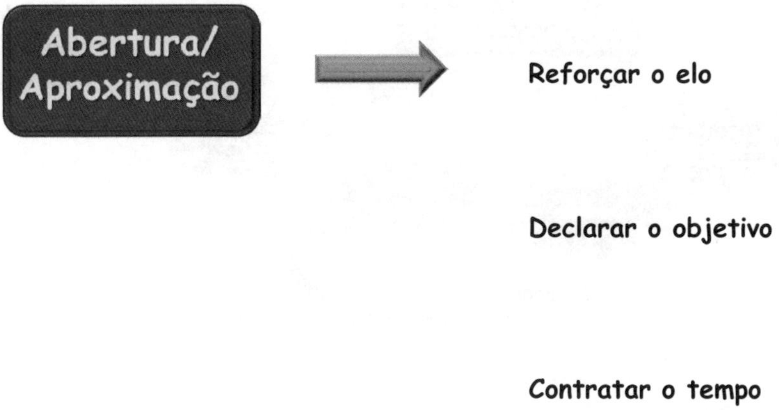

A etapa seguinte à *investigação* é o calcanhar de aquiles de qualquer contato. Se mal conduzida, torna inútil todo o investimento de tempo e energia que foi feito para o contato. Ela tem o objetivo de identificar de maneira rápida, porém com muita precisão, quais as necessidades que o cliente potencial pode ter. É nessa etapa que devem surgir as necessidades implícitas, e também é na condução dessa etapa que as necessidades implícitas se tornarão explícitas, por estímulo e condução do vendedor.

Seu início se dá com *perguntas sobre a situação*. Inicialmente genéricas, versam sobre o mercado, a empresa ou a concorrência, e têm como objetivo estabelecer o quadro geral em que o cliente é estimulado a falar.

Nesse contexto uma série de questões será levantada, e cabe ao consultor identificar e desenvolver aquelas que são pertinentes à sua área de atuação. No caso específico do Dr. Mathias, verificamos que ele levantou uma série de tópicos e que Eduardo desenvolveu aqueles referentes ao alinhamento estratégico necessário.

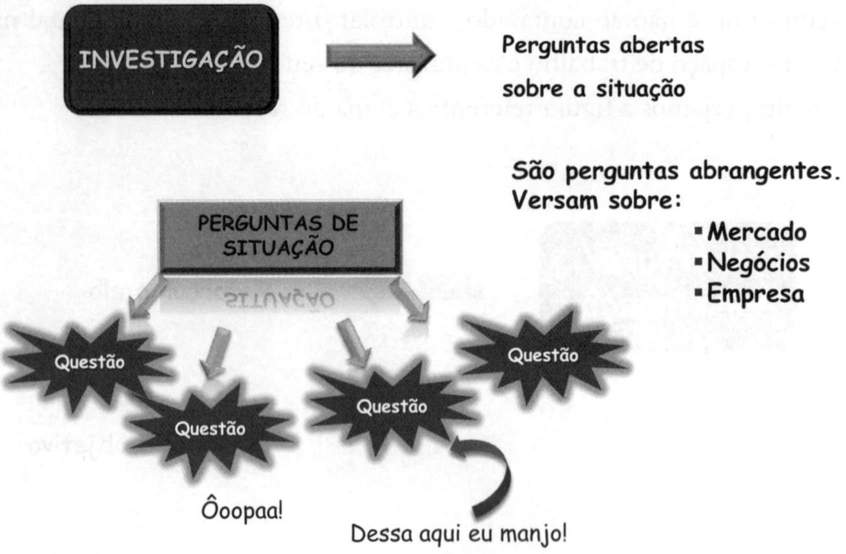

Alguns exemplos de perguntas de situação:

- Pode falar um pouco sobre os principais desafios do seu negócio hoje?
- Por que essa política é importante em sua empresa?
- Pode me falar um pouco sobre os planos de crescimento da sua empresa?

A sequência se dá com o aprofundamento da questão que se tornou central. Nesse momento, são feitas perguntas que devem identificar causa e consequências dos eventos relatados. É importante nesse momento investigar os impactos que os eventos provocaram.

Desenvolver a questão:

1. O que aconteceu ou está acontecendo?
2. Quais as causas?
3. Quais os impactos na organização?

Alguns exemplos de perguntas que permitem desenvolver a questão levantada:

- Que impacto esse índice de rejeição pode ter no nível de satisfação dos seus clientes?
- Como esse problema poderia afetar sua lucratividade?
- Como esses equipamentos mais antigos podem comprometer a qualidade dos seus produtos?

Ao aprofundar as questões levantadas pelo contato, o consultor se vê diante da possibilidade de *alinhar suas capacidades* às demandas apresentadas. Nesse momento, vale traçar paralelos com experiências anteriores vividas em outros projetos. Também nessa parte da conversa o consultor pode sugerir linhas de ação ou contribuir já com alguma recomendação.

Nesse ponto do roteiro, surgem perguntas sobre a necessidade ou desejo de solução. Em nosso exemplo, em um determinado momento Eduardo pergunta ao Dr. Mathias se ele não gostaria de ter um modelo que permitisse o alinhamento de todos os "atores" do processo. Outras questões que encaminham para a solução também podem ser feitas, acelerando assim o processo de fechamento de um compromisso para um segundo passo. Por exemplo:

- Quais os possíveis impactos em seu *market share* caso consigamos reduzir o prazo de entrega em um dia?
- Então o que você gostaria de ver é uma redução nos custos de preparação?

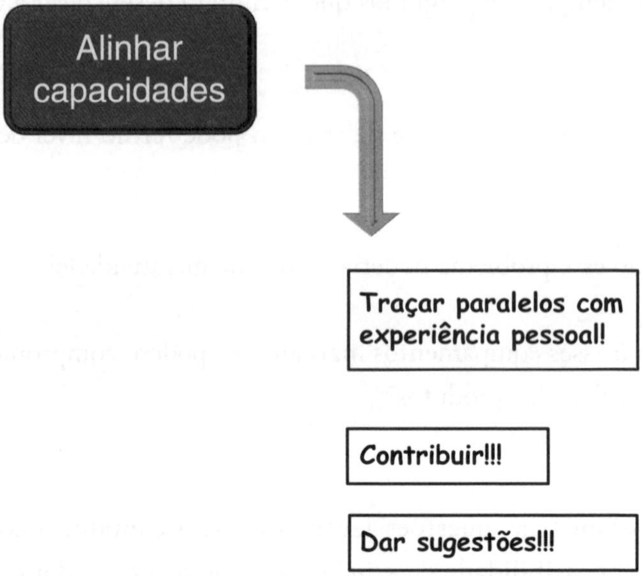

A fase final do contato tem como objetivo fechar um compromisso para a continuidade do processo. Se houver por parte do contato um pedido para que se faça um anteprojeto ou mesmo uma proposta, é inegável que a visita foi bem-sucedida. Caso não haja uma solicitação explícita, cabe ao consultor-vendedor sugerir uma forma de continuidade. Pode ser um novo encontro, o compromisso de enviar algumas ideias a respeito ou mesmo um novo encontro.

A única lembrança que o consultor precisa ter em mente nesse momento é que o objetivo é a continuidade – a venda ainda não foi feita.

Obter o compromisso para continuidade
Um projeto
Um novo encontro
A ponte para um contato

Algumas considerações ainda precisam ser feitas sobre o processo de venda. Ele é produto de uma intensa movimentação no mercado através da rede de relacionamentos do consultor, e também de seu trabalho de marketing pessoal. O consultor tem de buscar visibilidade seja por meio de palestras, livros ou contribuições regulares para revistas especializadas.

Porém, de todos os fatores que garantem visibilidade a um consultor destaca-se, sem qualquer sombra de dúvida, sua rede de relacionamentos. Tive uma experiência muito interessante com um supervisor de vendas chamado George. Eu apoiava a implantação de um novo centro de distribuição de uma grande empresa na região de Brasília, e George era um dos supervisores de equipe. Quase toda manhã, madrugada ainda, percorríamos os diversos pontos de varejo no entorno de Brasília. Fiquei admirado com o número de pessoas que ele conhecia. O entregador de jornais, os guardas-noturnos, os donos de bares e padarias, os empregados desses estabelecimentos, os policiais. Praticamente dava para dizer que ele conhecia todo mundo. E pelo nome!

Espantado com isso, comentei um dia:

– George você gosta mesmo de vender, hein?

Sua resposta ensinou-me uma lição definitiva:

– Não. O que eu gosto é de fazer amigos. Isso me dá um imenso prazer. Acho que é a grande riqueza que tenho na vida. Vender é uma consequência, mas esteja certo de uma coisa: é a menos importante de todas.

MAIS UMA VEZ, A PALAVRA DO CLIENTE

Confesso que, quando fui informado pelo CEO da Philips Components que, para acelerar meu processo de integração à nova função, um consultor seria contratado, torci o nariz, achando que o processo poderia ser perturbado por um corpo estranho. Na época eu era um executivo com um *track-record* que me qualificava ao cargo de gerente geral da divisão de vidros para TV da Philips Components no Brasil e na América do Sul. Estava entusiasmado e empolgado pela oportunidade de liderar uma equipe da qual, alguns anos antes, fazia parte e de ocupar uma posição que daria visibilidade e valor à minha carreira.

Aquela conversa ficou na minha mente e começou a detonar um processo no qual me preparei para tirar o melhor proveito possível da situação, que não era incomum mas pouco frequente. Imaginei o que poderíamos fazer, como seria o processo, quem seria a pessoa ou equipe encarregada de tal tarefa. O tempo passou e chegou o momento de conhecer o consultor, que uma vez aprovado iria pavimentar o caminho para potencializar o resultado esperado com a mudança na gestão da divisão de vidros. Cabe ressaltar que estávamos diante de um processo de mudança em que a liderança que estava saindo tinha um perfil muito técnico e autocrático, diferente da minha forma de liderar, participativa e com foco em métricas e resultados. Completavam o ambiente de negócios um histórico financeiro ruim e um cenário futuro com desafios que somente poderiam ser vencidos com a reinvenção do negócio, e não com intervenções pontuais.

As primeiras conversas com o autor deste livro, consultor recomendado pela direção, fluíram de uma forma tão agradável e eficaz que em poucos dias estávamos arregaçando as mangas para iniciar uma jornada que se iniciou naquele momento e culminou com a melhor performance que fui capaz de entregar como executivo.

A missão desenhada e combinada com o consultor consistia em reconstruir a equipe gerencial e criar as condições para lançar um processo de mudança que envolveria todos os 900 funcionários da divisão. Era claro nesse contexto que, sem o apoio do "Management Team" e da média gerência, as chances de sucesso seriam muito baixas. Não perdemos tempo e, em menos de 45 dias da primeira conversa, estávamos eu, o consultor e os 10 principais executivos, imersos num workshop com cara de *reality show*, recompondo feridas, alinhando expectativas e construindo um sonho comum. Não é preciso dizer que o papel de arquiteto e facilitador desempenhado pelo consultor foi fundamental para sairmos de lá com as bases e crenças que guiariam nossa jornada. Dois foram os ingredientes trazidos por ele que foram fundamentais para que o grupo construísse uma visão compartilhada. O primeiro foi fazer as perguntas certas. Mais do que respostas, acredito que um consultor agrega valor quando é capaz de interagir com seu cliente fazendo as perguntas certas, no momento apropriado, permitindo focar no que é importante e naquilo que de fato fará a diferença. Outro papel importante do consultor é aliviar o isolamento que o exercício da liderança impõe ao líder. Raras são as oportunidades que o líder tem de abrir seu coração sobre aspectos da gestão, bem como trocar impressões, especialmente sobre pessoas. É preciso admitir que fiquei impressionado com a habilidade que o consultor demonstrou nesse quesito, a ponto de criar um elo de confiança que gera frutos para ambas as partes até hoje. Como mencionei anteriormente, o projeto foi muito bem-sucedido, e a partir daquele ponto iniciamos uma trajetória que transformou a divisão de vidros da Philips Components no Brasil. Em dois anos, o *turnaround* era um sucesso, com recorde no resultado financeiro e o recebimento de alguns prêmios, um deles em Excelência em Gestão. Fomos a primeira divisão da Philips do Brasil a receber da Philips Eletronics, na Holanda, este reconhecimento.

Também do ponto de vista pessoal esse processo alavancou minha carreira, abrindo a porta para um período de cinco anos na Europa, em que minha primeira tarefa foi dirigir globalmente a unidade de vidros para televisão da Philips Components. Essa empatia inicial cliente-consultor foi transformada em amizade e, antes de aceitar essa posição na Europa e três anos depois do primeiro encontro, fui me aconselhar com o "meu" consultor sobre ela. Quando voltei ao Brasil, mais maduro e cheio de projetos pessoais, novamente encontrei o amigo Luiz para ouvir suas perguntas e opiniões. Ainda hoje, já como empresário, não deixo de arrumar um tempo para compartilhar visões e cenários.

Acredito profundamente que o sucesso de um consultor está muito mais na sua habilidade de construir relações do que em suas eventuais habilidades técnicas. Aprendi isso através dessa jornada que levou um consultor e um cliente a um lugar comum: o respeito mútuo e a amizade.

Aquiles Gonzalez Gonzalez: empreendedor, sócio-fundador e diretor da Integra Global Business Networks, empresa de participações, desenvolvimento e promoção de negócios. CEO da Expobusiness Feiras On-line e Eventos Virtuais, empresa do grupo Integra Global, que desenvolve plataformas para eventos on-line. Como executivo ocupou cargos de direção em empresas nacionais e multinacionais: diretor de operações da Intermarine Iates, CEO da Hexis Científica, CEO de unidades de negócio da Philips Eletronics no Brasil, na Alemanha e em Portugal. É formado em Engenharia Eletrônica com pós-graduação em Administração de Empresas; 56 anos, casado, com dois filhos.

Capítulo 5

O processo de consultoria

PROPOSTAS

Propostas não ganham contratos, porém têm uma grande capacidade de perdê-los. Uma proposta mal redigida, com baixa qualidade de apresentação, pode invalidar uma venda. É necessário ter sempre em mente que a venda propriamente dita não aconteceu. Ela ocorrerá na discussão dos elementos da proposta. Esta é uma etapa da venda.

Tracemos o caminho até a proposta:

1. A partir de seu plano de ação você mapeia a empresa-alvo.

2. Identifica o contato decisivo.

3. Pesquisa a empresa e o contato, preparando-se para o encontro.

4. Realiza o encontro, onde você pode obter um compromisso de continuidade, que, na melhor situação, poderá já ser um pedido para uma proposta.

Alguns cuidados precisam ser tomados antes da elaboração da proposta. A fase de preparação é essencial, porém devemos lembrar que a entrevista que fornecerá os elementos necessários para a elaboração da proposta em geral ocorre em um tempo limitado, uma hora, uma hora e meia, raramente vai além disso. É crucial, portanto, executar essa entrevista de forma muito cuidadosa.

Uma boa inspiração para tanto pode ser encontrada na área da saúde. Podemos nos inspirar no conceito de anamnese, tão utilizado na Medicina. A anamnese (do grego *aná* = trazer de novo e *mnesis* = memória) é a parte mais importante da Medicina, pois envolve o núcleo da relação médico-paciente, onde se apoia a parte principal do trabalho médico; além disso, preserva o lado humano da Medicina e orienta de forma correta o plano diagnóstico e terapêutico. A anamnese, em síntese, é uma entrevista que tem por objetivo trazer de volta à mente todos os fatos relativos ao doente e à doença. Os compêndios médicos indicam que a anamnese é, na maioria dos pacientes, o fator isolado mais importante para se chegar ao diagnóstico. Enfatizam a necessidade de um treinamento intenso para realizá-la.

É interessante resgatar os objetivos dessa entrevista sob o ponto de vista da relação entre profissional de saúde e paciente:

1. Estabelecer a relação entre profissional de saúde e paciente.

2. Obter os elementos essenciais da história clínica.

3. Conhecer os fatores pessoais, familiares e ambientais relacionados com o processo saúde/doença.

4. Obter os elementos para guiar o profissional de saúde no exame físico.

5. Definir a estratégia de investigação complementar.

6. Direcionar a terapêutica em função do entendimento global a respeito do paciente.

Ora, a semelhança com a abordagem de consultoria é evidente. Uma simples substituição de palavras a torna adequada:

1. Estabelecer a relação entre consultor e cliente.

2. Obter os elementos essenciais do histórico da demanda.

3. Conhecer os fatores ambientais, culturais e próprios do negócio relacionados com a demanda.

4. Obter os elementos essenciais para determinar o que deverá ser investigado.

5. Definir como deverá ser feito o diagnóstico complementar.

6. Direcionar o projeto em função de um entendimento global da demanda apresentada.

Ainda recorrendo aos compêndios médicos, verificamos os requisitos para executar esse diagnóstico preliminar:

- Objetividade
- Interpretação e observação
- Precisão e isenção
- Sensibilidade e especificidade

- Reprodutibilidade
- Entender e ser entendido corretamente
- Respeito
- Sinceridade
- Empatia

Destaque especial precisa ser dado ao requisito “isenção”. Assim como o profissional de saúde tem contato com inúmeros pacientes, o consultor tem contato com inúmeras empresas. Generalizações ou pressupostos podem aniquilar o correto entendimento das necessidades do cliente. “Empresas americanas pensam somente no curto prazo”, “empresas familiares são complicadas” e “empresas de dono têm caixa dois” são frases assassinas de um bom diagnóstico. “Já vi isso antes” pode induzir soluções inadequadas, e o desastre é quase certo.

É necessário prestar atenção também ao que realmente está acontecendo. Em uma entrevista, o consultor pode escutar do presidente da empresa: “A incompetência de nossos vendedores em distinguir entre quando é necessário fazer vendas rentáveis e quando é necessário fazer volume tem sido a desgraça de nossos resultados.”

Opa! É melhor tomar cuidado. Essa é a opinião dele. Ninguém pôde, até agora, verificar se a equipe de vendedores realmente não sabe distinguir entre um e outro objetivo. Uma boa dica é dar um passo atrás e perguntar: “O que estou vendo?” Para o caso: “Estou vendo um presidente queixar-se dos resultados de vendas, atribuindo-os à incapacidade dos vendedores de distinguir os objetivos da causa do baixo desempenho.” Nada mais. É uma hipótese, um ponto de vista. Pode, como no caso, emanar de alguém categorizado para emitir tal julgamento, mas ainda assim é uma hipótese, terá de ser verificada!

Anotar as respostas é também um fator fundamental, porém às vezes é difícil ouvir ativamente e anotar ao mesmo tempo. O recomendável é ter um parceiro: em dupla fica mais fácil. Um é o escrevente, o outro, o falante, e assim pode-se recuperar posteriormente o conteúdo da entrevista, ficando-se menos sujeito a erros. É necessário observar tudo, não somente a fala – o não verbal de nosso entrevistado traz informações importantes e interpretações. Assim, agir em dupla nesse momento pode ajudar e muito.

Um detalhe importante antes do término da entrevista é conferir o que está sendo pedido. Para tanto, uma boa dica é repetir a demanda nas palavras do entrevistado. Essa devolutiva imediata propicia segurança para a entrega e fornece o centro da atenção do projeto.

Com as informações colhidas, a elaboração da proposta ainda precisa obedecer a alguns cuidados essenciais:

1. Clareza na linguagem – somos espectadores de um linguajar empresarial bastante estranho. Às vezes, a fala de um executivo entremeada com siglas e termos estrangeiros parece totalmente destituída de significado e, se verificada a fundo, a constatação será esta: falta significado. Uma linguagem simples, direta e objetiva vende. Deve-se usar a "linguagem dos vivos", como dizia Rodolpho Rocha, evitando-se o uso de termos técnicos ou jargões.

2. Isenção na linguagem – a proposta não faz juízos de valor a respeito do que está acontecendo na empresa. É uma linguagem descritiva, trabalha com fatos, e não com conjecturas ou julgamentos.

3. Clareza das etapas do projeto – o cliente precisa saber quais atividades serão realizadas.

4. Singularidade – o cliente deve perceber que a proposta foi feita para ele, que não é um modelo padrão universalmente aplicável. Estoque de propostas-padrão é um bom caminho para perder contratos.

Embora não tenha um formato padrão, alguns elementos são essenciais em uma proposta.

De todos, merece destaque a devolutiva. É a primeira parte da proposta e tem como objetivo expor ao cliente a percepção que a consultoria teve da questão a ser tratada e estabelece a linha geral de atuação. Toda proposta precisa expor ao cliente o entendimento que o consultor teve da demanda apresentada. Lembro-me de uma ocasião em que o cliente folheou demoradamente a proposta, lendo cada parte com muita atenção. Após alguns instantes de hesitação, declarou: "Da página dois em diante eu não entendi nada, mas vocês entenderam onde me aperta o sapato, e as diretrizes de atuação que vocês colocaram parecem que darão conta do recado, vamos em frente!"

Outro elemento essencial: os objetivos do projeto. Vejamos um exemplo de proposta para um projeto de desenvolvimento e implantação de um modelo de gestão baseado em planejamento:

1. Objetivo geral: dotar a organização de um modelo de gestão capaz de permitir o monitoramento integrado de todas as metas, planos e programas elaborados a partir de um processo de planejamento construído de maneira a assegurar a máxima participação das equipes.

2. Objetivos específicos:

    a. Desenhar os cenários de atuação da empresa, descrevendo os impactos que a materialização das tendências terá sobre os negócios.

    b. Definir o horizonte de planejamento desejado.

    c. Construir a visão e o projeto de futuro, estabelecendo as grandes linhas mestras estratégicas de atuação.

    d. Elaborar um inventário das condições operacionais à luz do projeto de futuro, reavaliando-o se necessário.

e. Empreender cuidadoso estudo de mercado, determinando sua evolução provável.

f. Definir os grandes objetivos estratégicos para o horizonte de planejamento estabelecido visando ao atendimento do mercado previsto e das questões críticas identificadas no diagnóstico.

g. Construir o mapa estratégico da organização, nomeando os responsáveis por cada uma das dimensões ali presentes.

h. Elaborar o orçamento plurianual decorrente das estratégias definidas, verificando sua viabilidade por meio de simuladores.

i. Detalhar o primeiro ano do orçamento estabelecendo também as metas anuais corporativas.

j. Desdobrar as metas corporativas para os demais níveis da organização, nomeando responsáveis e construindo os respectivos de plano de ação.

k. Ajustar o sistema de informações gerenciais de modo a gerar o *tableau de bord* para monitoramento e controle.

l. Acompanhar os indicadores das metas por meio de encontros periódicos de monitoramento e correção de rota.

m. Avaliar em encontros especiais o andamento da estratégia global, promovendo os ajustes necessários.

n. Executar um balanço final do desempenho global e da própria metodologia, iniciando um novo ciclo de planejamento.

Um aspecto importante na formulação dos objetivos é que eles precisam ser expressos sob a forma de eventos universalmente observáveis. Expressões difusas que demonstram mais intenção que ação não são verificáveis e, portanto, tornam-se inúteis se formuladas como objetivo de qualquer etapa do projeto.

Convém relembrar as lições do mestre Robert Mager[1] quando se refere à formulação de objetivos. Ele conta em seu livro, *Análise de objetivos*, a seguinte história sobre um professor de música:

> – Professor, qual é seu objetivo para este ano letivo em sua nova turma de música? – pergunta o diretor.
>
> – Pretendo que ao término do ano os alunos dessa turma apreciem música.

Ao final do ano, sem dúvida professor e diretor terão um grande problema pela frente. O que um aluno que aprecia música faz para mostrar a um observador externo que ele de fato aprecia música?

- Ele lê partituras o tempo todo?
- Passa pelos corredores da escola cantarolando ou assobiando peças musicais?
- Não perde um concerto da orquestra sinfônica?

É quase impossível definir um único parâmetro. Na verdade, o professor não expressou um objetivo, mas uma boa intenção, talvez uma diretriz, porém certamente não é um objetivo, pois não pode ser verificado.

Se, ao contrário, o professor tivesse estabelecido como objetivo que "ao término do ano letivo, os alunos deverão saber interpretar uma música

---

[1] Mager, Robert Frank. *Análise de objetivos*. Porto Alegre: Globo, 1983. Apesar da idade, este livro, infelizmente raro, ainda é o melhor e mais simples guia para alguém aprender sobre formulação de objetivos.

simples em um instrumento de sua escolha", tudo ficaria bem mais fácil. O diretor, ao final do ano, poderia entrar na sala e perguntar:

- Joãozinho. Qual instrumento você escolheu?
- Flauta doce.
- Muito bem, e qual foi a música escolhida?
- "Carinhoso", de Pixiguinha.
- Excelente, toque-a para mim então.

Com esse procedimento o diretor poderia verificar facilmente se o objetivo foi ou não atingido. Poderia até estabelecer uma medição precisa de quanto o professor foi eficaz em sua atividade. Poderia, após testar toda a turma, dizer:

> – Parabéns, professor, 80% de sua classe atingiu o objetivo pretendido.

Outro aspecto importante da proposta é detalhamento das etapas do projeto. O cliente precisa saber como os objetivos serão atingidos; portanto, é necessário, mesmo que sujeito a ajustes posteriores, expor com clareza cada uma das etapas do projeto. Nesse aspecto é fundamental que todo projeto, de qualquer natureza, inclua sempre uma etapa de diagnóstico. Ainda que o cliente se oponha a um novo diagnóstico afirmando já tê-lo feito e repassado quando do primeiro contato, é essencial que a consultoria volte a revisitar e testar as hipóteses até aqui levantadas. No mínimo, será necessário familiarizar-se com o modelo de negócios e com a cultura da organização. O diagnóstico é também a oportunidade para a "venda" interna do projeto. Não podemos esquecer que o projeto foi negociado com o principal executivo da organização ou da área e que, no entanto, ele envolverá se não toda, pelo menos parte significativa da população da empresa. É a oportunidade para a consultoria mostrar-se e buscar aliados entre aqueles que serão direta ou indiretamente afetados pelas atividades do projeto. Ainda como bom lembrete, o diagnóstico deverá incluir visita às instalações produtivas da empresa e ao seu escritório – o reconhecimento do território é questão crítica para determinar a forma de atuação. No entanto, é preciso cuidado: a simples presença de um consultor em uma organização já é uma intervenção e quanto antes ele se integrar ao novo ambiente, maior será a chance de ser bem-sucedido.

As diversas etapas devem então ser descritas para dar clareza ao cliente quanto à trajetória do projeto. Para cada etapa devemos explicitar os objetivos, a descrição da atividade, sua duração estimada e, se necessário, os recursos envolvidos (da consultoria e do cliente). Por exemplo:

Etapa 1: preparação

- Objetivo: identificar as diretrizes, forma e responsabilidade de comunicação interna sobre o projeto.

- Atividades: reunião com gerente de projeto, consultor e gerente de comunicação com duração prevista de três horas.

Etapa 2: diagnóstico

- Objetivo: familiarizar a equipe de consultoria com o processo produtivo e de negócio da empresa, identificar a visão de cada um dos membros da diretoria quanto aos desafios estratégicos da organização e verificar a visão do corpo gerencial quanto às questões principais que deverão ser tratadas pelo modelo de gestão.

- Atividades:

1. Visita da equipe de consultores às instalações produtivas, com duração prevista de um dia.

2. Visita ao escritório central com duração prevista de meio dia.

3. Entrevistas individuais com os diretores com a duração média prevista de uma hora e meia, durante três dias.

4. Realização de quatro dinâmicas com a participação de cinco gerentes em cada uma delas e duração prevista de quatro horas cada, durante cinco dias. Será necessário ter à disposição ampla sala de reunião, equipada com projetor multimídia e três cavaletes de *flip-chart*.

5. Consolidação *in office* dos dados colhidos na fase para elaboração de relatório à diretoria.

6. Encontro com a diretoria colegiada para devolutiva do diagnóstico realizado e decisão sobre ajustes eventualmente necessários no restante da trajetória do projeto.

Etapa 3: planejamento e preparação do evento diálogo estratégico

- Objetivo: planejar o encontro da diretoria e da gerência para início da discussão estratégica da empresa.

- Atividade: trabalho *in office* da consultoria para programação das atividades e concepção dos instrumentos de apoio necessários ao evento.

E assim por diante.

Como podemos observar, o detalhamento das atividades de acordo com o exemplificado permitirá à consultoria estimar com maior precisão a carga de trabalho e, consequentemente, facilitará a estimativa de preços.

É importante que a proposta contenha na sequência um *cronograma das atividades*. Lembrando sempre que esse cronograma deve ser seguido da palavra "preliminar". A razão é fácil de perceber, pois cronograma é como casamento: se deu certo, você tem no máximo 50% do crédito. O cronograma é uma referência, porém não o elemento essencial de controle, uma vez que está sujeito a alterações decorrentes da própria atividade do cliente. Podemos prever entrevistar todos os diretores no prazo de uma semana, desde que um deles não tenha de repentinamente viajar para o exterior. "Preliminar" é, portanto, um termo fundamental, mas, mais que um termo, é fazer parte explícita e assertiva das tratativas posteriores quando da contratação do projeto. A consultoria tem o dever de obedecer ao cronograma sem qualquer desculpa. O cliente pode não ter os meios para cumprir os prazos previstos, pois o projeto é uma atividade a mais em sua vida normal, e não seu dia a dia. E o consultor precisa ser paciente com isso.

A título de ilustração, e se julgado necessário, pode-se acrescer um item referente à *metodologia* que será utilizada para a execução do projeto. Pode ser tanto um texto explicativo a respeito dos procedimentos geralmente adotados pela consultoria como um gráfico ou fluxograma explicativo das atividades que dão suporte ao projeto. Esse é um item opcional, pode ou não ser incluído na proposta, e resulta da percepção por parte do consultor se o cliente necessita ou não de detalhes adicionais. Convém sempre lembrar que, em comunicação escrita, menos é mais. Muita informação atrapalha, podendo desviar a atenção dos pontos principais.

Um modismo recente é a apresentação de propostas sob a forma de slides em computador. Cuidado! Os softwares de apresentação podem ser

TABELA 5.1 Cronograma preliminar do projeto

ETAPA DO PROJETO	JAN				FEV				MAR				ABR				MAI				JUN			
Preparação	■	■																						
Diagnóstico		■	■	■	■	■																		
Visita à fábrica		■																						
Entrevistas			■	■	■																			
Consolidação						■	■																	
Apresentação									■															
Planejamento do encontro							■	■	■															
Reunião geral											■													
Implantação													■	■	■	■	■	■	■	■	■	■	■	■

úteis para uma exposição dialogada dos elementos da proposta, porém não substituem um documento técnico. E é preciso também tomar cuidado com a própria apresentação. Ela é apoio, não o conteúdo – este somente será aprofundado se houver interação, diálogo.

Um dos últimos itens a constar de uma proposta é o referente a *custos do projeto*. Muitas consultorias intitulam esse item eufemisticamente como *investimento*. A princípio, parece não haver nada de errado com essa expressão, porém é bom ter em mente que isso qualifica de certa forma o trabalho, impinge ao contratante a ideia de que o trabalho da consultoria é de tal sorte contributivo que o cliente está fazendo um investimento em vez de uma despesa, ou seja, pré-qualifica, o que é no mínimo pedante. Deixemos ao cliente o julgamento e a classificação contábil do evento. Ele decide onde colocar isso no seu budget, não o consultor.

Para a exposição dos custos do projeto é necessário distingui-los, separando aqueles que são efetivamente os honorários de consultoria dos outros que eventualmente ocorrerão para a realização do projeto. Assim podemos exemplificar uma última página de proposta como segue:

CUSTOS DO PROJETO

1. Honorários

   - Nossos honorários para execução dos trabalhos envolvendo dois consultores totalizam R$ XXXXX (xxxx reais) e compreendem os trabalhos referentes às etapas x, y e z, realizadas na empresa cliente, e as etapas k e w, realizadas *in office*.

2. Materiais de apoio

   - Os custos de produção dos materiais didáticos de apoio, bem como dos manuais resultantes do redesenho dos processos, ficarão a cargo da empresa cliente.

3. Equipamentos de sala

   - Os custos com os equipamentos de sala para os treinamentos previstos correrão por conta da contratante.

4. Outros custos

   - Os custos com hospedagem, alimentação, deslocamento do aeroporto para o hotel e do hotel para o local de realização do trabalho, bem como quilometragem de veículo próprio de nossa equipe, correrão por conta da contratante, para todas as etapas realizadas fora da cidade-sede.

5. Forma de pagamento

   - Cinco por cento do total dos honorários no ato de aceitação da presente proposta para reserva de agenda de nossas equipes, o restante em x parcelas a serem cobradas no último dia de cada mês, contra a apresentação de nota fiscal de serviços.

Local e data
De acordo

____

Assinatura do contratante

Alguns pontos do exemplo acima merecem destaque. Primeiro, a separação dos diversos custos que ocorrerão na realização do projeto. Para algumas empresas, as questões referentes à viagem e à hospedagem dos consultores são facilmente resolvidas, pois elas mantêm convênios próprios. Outras demandam um orçamento que inclua essas despesas; neste caso, uma previsão apurada do que ocorrerá é fundamental, pois pode comprometer totalmente a economicidade do projeto.

Outro ponto que merece destaque é a parte final: o "de acordo" ao término da página. Grande parte dos serviços de consultoria não gera contrato formal entre empresa e consultor. Nesses casos, a proposta com o aceite por parte do cliente adquire valor contratual e rege as relações comerciais entre as duas empresas.

O item referente aos custos do projeto pode ser apresentado em uma primeira proposta, porém é também opcional. Uma proposta pode ser eminentemente técnica, comercial ou completa. Algumas consultorias têm por hábito apresentar primeiro a proposta técnica para, depois de uma discussão sobre sua adequação e adaptações eventualmente necessárias, apresentar a proposta comercial. Essa é uma prática bastante útil, pois ajuda a adequar o projeto à demanda e, podemos afirmar, torna mais fácil a discussão referente aos custos.

Como a proposta nasce de uma entrevista inicial com um ou mais representantes da empresa cliente, o ajuste entre demanda e resposta pode ser feito antes da apresentação da proposta completa final. A sequela positiva obtida é a diminuição da margem de erro nos cálculos dos honorários do projeto.

Outras informações, tais como apresentação da empresa de consultoria ou referências, são adicionais que devem ser evitados. A apresentação da empresa de consultoria é informação redundante desde que o processo de venda e aproximação com o cliente tenha sido realizado de forma eficaz. Pode ser necessária por exigência de normas de licitação da empresa cliente, porém, em qualquer outra situação, são informações supérfluas.

Referências podem ser importantes e até solicitadas pela empresa cliente e, cá entre nós, nada melhor que um futuro cliente ouvir de um antigo cliente quem somos nós e o que fazemos. Porém, convém que tais referências sejam passadas em documento à parte, e não no corpo da proposta, que deve, sempre que possível, ater-se à demanda e ao processo de seu atendimento. É um instrumento técnico-comercial que servirá de base para o restante do projeto e, portanto, deve conter as informações essenciais.

PREÇOS

Um bom problema. Devemos lembrar que vender consultoria é vender algo intangível a alguém que necessariamente não sabe que precisa disso.

Trabalhamos aqui com o valor percebido pelo cliente, o que torna a questão da precificação de um trabalho de consultoria algo complexo. São inúmeros os fatores que interferem nessa percepção; variam desde a reputação do consultor até a necessidade ou urgência do projeto. Anos de prática não garantem que não se cometam erros horríveis na hora de apresentar o preço, sub ou superestimando os valores envolvidos. Qualquer consultor sabe que, mais dia, menos dia, vai fazer um bocado de trabalho de graça. É uma pena, mas são ossos do ofício – faça seu melhor, sempre.

Torna-se necessário ter alguns referenciais, mas não externos, produto de pesquisas de preços (não disponíveis ou escassamente disponíveis). Precisamos inverter a lógica e buscar valores referenciais para o trabalho a partir do esforço, energia e conhecimento requeridos.

Quando estamos empregados, vendemos nosso tempo. Quer a empresa tenha demanda ou não, estamos à disposição dela x horas por dia, para o que der e vier. Como consultores, não vendemos tempo, e sim resultados. Assim, valores por hora perdem significado e não devem ser utilizados. Consultor não é vendedor de horas nem tem taxímetro.

Embora não se utilize o valor/hora ou valor/dia para demonstrar o preço final de um projeto, a base de cálculo para o consultor é tempo. Isso é natural, pois cada projeto deverá ter uma carga de trabalho identificada em dias de dedicação. Assim, um bom caminho para o consultor criar esse valor de referência é calcular o valor de seu dia.

Para realizar esse cálculo, o consultor precisa identificar sua renda anual necessária. O caminho é simples: um orçamento mensal detalhado deverá fornecer os elementos necessários. Um erro comum cometido por executivos que ingressam na carreira de consultor é tomar o salário e os bônus como base. Isso porque a natureza de suas despesas muda radicalmente.

Paga-se menos imposto, porém acrescentam-se despesas como assistência médica (normalmente paga pelas empresas) e aumentam os gastos com deslocamento. É preciso incluir ainda o pagamento da empresa de contabilidade e, sobretudo, identificar o quanto se necessita de reserva financeira.

A reserva financeira é imperiosa, tanto para enfrentar as sazonalidades naturais da atividade de consultoria como para prevenir eventuais impedimentos no exercício da atividade, tais como doenças ou as tão necessárias férias. Deve-se manter uma margem de pelo menos seis meses de renda média mensal. Lembrando que o cálculo da renda média mensal é uma condição básica para a sobrevivência tranquila de um consultor. Ela é a base de cálculo de tudo o que precisa ser feito para sua manutenção. Não se pode raciocinar da mesma maneira como se a renda mensal fosse fixa e regular. Planejamento financeiro constante não é um luxo, mas uma imposição do fluxo de receita que um consultor aufere durante o ano. O gráfico a seguir demonstra isso:

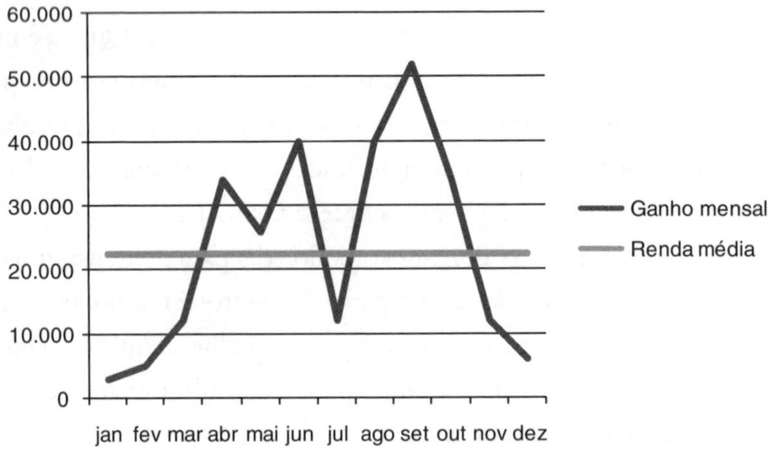

O montante final calculado deverá agora ser cotejado com o número de dias faturáveis que um consultor pode ter. Do total de 365 dias de um ano, é necessário deduzir fins de semana, feriados, períodos de férias, dias dedicados a venda e marketing, e o valor final fica em torno de 100 a 150

dias por ano. Essa conta permitirá chegar a um valor do dia de consultoria referencial que deverá ser utilizado para aferir se o preço final colocado para o cliente está adequado. É importante frisar que se trata de uma referência; o que o consultor vende é intangível, e o preço será em grande parte determinado pela percepção de valor do cliente.

Ao valor/dia final encontrado devem-se acrescer 20% referentes aos impostos. Obtém-se assim a base de cálculo para a formação do preço final dos projetos.

Vamos lançar mão da memória de cálculo de um projeto fictício em que o valor/dia de consultoria seja fixado em R$2.400,00.

MEMÓRIA DE CÁLCULO					
	ETAPAS DO PROJETO	DURAÇÃO DIAS	CONSULTORES	VALOR DIA	VALOR DA ETAPA
1	Diagnóstico	3	2	R$2.400,00	R$14.400,00
2	Relatório	1	2	R$2.400,00	R$4.800,00
3	Treinamento	3	1	R$2.400,00	R$7.200,00
4	Piloto	20	2	R$2.400,00	R$96.000,00
5	Ajustes	10	2	R$2.400,00	R$48.000,00
6	Desengajamento	15	1	R$2.400,00	R$36.000,00
	TOTAL	52			R$206.400,00

A base de cálculo foi feita em dias, de acordo com o cronograma do projeto. O preço total apresentado na proposta pode seguir, por exemplo, a seguinte tabela:

TABELA 5.2 Forma de pagamento

10% na aceitação da proposta	R$10.320,00
1ª parcela após 30 dias	R$65.360,00
2ª parcela após 60 dias	R$65.360,00
3ª parcela após 90 dias	R$65.360,00
Total do projeto	R$206.400,00

Alguns projetos podem não permitir que se faça o cálculo do custo total, fixando a forma de remuneração por horas ou dias trabalhados, seja pela natureza do trabalho, seja por exigência do cliente. Nesse caso, é necessário estabelecer um meio de controle de comum acordo com a empresa cliente, para evitar conflitos desnecessários no momento da cobrança dos serviços.

Convém relembrar que algumas empresas solicitam que o orçamento total do projeto inclua as despesas com deslocamento, hospedagem, materiais etc. Nesse caso, o consultor deve ter muito cuidado com a previsão das despesas nas quais incorrerá para a atividade.

Alguns fatores adicionais influem sobre o preço final dos projetos.

- Reputação do consultor. À medida que o trabalho do consultor vai se tornando conhecido, e sua excelência ou especificidade torna-se sua marca registrada, naturalmente haverá impacto sobre o preço. Aqui vale lembrar que muito do que caracteriza um consultor não é "o que" ele faz, mas sim "como" ele faz o trabalho.

- Importância do projeto. Muitas vezes, o trabalho exigido é de vital importância para a empresa cliente ou então possui um caráter urgente, o que obviamente influenciará no preço final.

- Especificidade. Muitos consultores possuem um grau de especialização que, é claro, valoriza seu trabalho.

Fica evidente que o consultor, ao formular a estratégia, deve buscar sua singularidade, a contribuição que somente ele pode dar ao mercado, seja pela especialização de seu trabalho, seja pela sua metodologia.

Devemos lembrar que os preços ainda são fortemente influenciados pelo valor percebido pelo cliente. Isso muitas vezes é um empecilho adicional nas negociações. As empresas médias e pequenas têm demandado cada vez mais os serviços de consultores. Porém, ao analisar seu preço, utilizam como referencial outros serviços que contratam, mas que não possuem o mesmo valor. No território dessas empresas, as possibilidades de mercado são imensas, mas talvez seja necessário para o consultor adaptar sua remuneração e métodos de trabalho. Finanças, processos, área comercial e de recursos humanos apresentam, nesse tipo de empresa, carências acentuadas que podem ser atendidas com serviços de consultoria rápidos e eficazes.

AS DIVERSAS ETAPAS DE UM PROCESSO DE CONSULTORIA

Para mergulhar um pouco mais fundo na atividade de consultoria, vamos lançar mão de uma divisão dos projetos em seis etapas.

AS ETAPAS DE UM PROCESSO DE CONSULTORIA

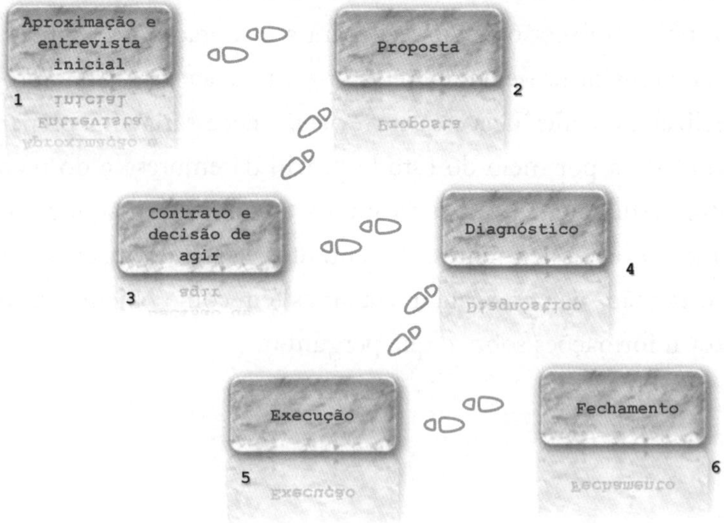

Vamos agora olhar de perto as características de cada etapa.

Aproximação e entrevista inicial

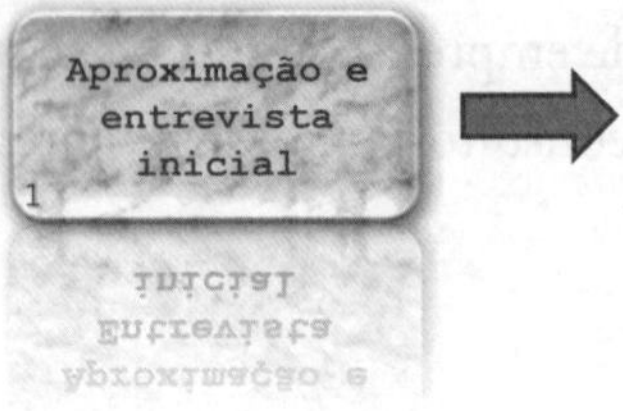

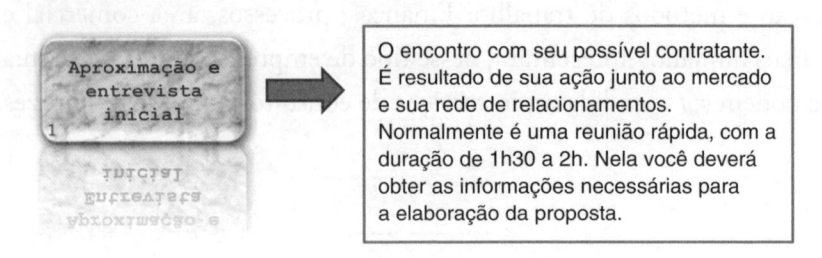

O encontro com seu possível contratante. É resultado de sua ação junto ao mercado e sua rede de relacionamentos. Normalmente é uma reunião rápida, com a duração de 1h30 a 2h. Nela você deverá obter as informações necessárias para a elaboração da proposta.

O termo "aproximação" refere-se a todo o processo anterior a esse contato. O teor do contato inicial dependerá de como você chegou a esse potencial cliente. A qualidade da indicação feita conduzirá a estratégia de entrevista, facilitando-a, pois já conterá um direcionamento prévio.

Exploramos antes a fase da entrevista inicial com o conceito de anamnese, como a forma de condução desse encontro. O cuidado a ser tomado é extremo, pois esse será o referencial para a elaboração da proposta. Se aprovada, ela transforma-se na referência para toda a execução do projeto.

Para realizar com eficiência essa entrevista, é necessária uma preparação bastante cuidadosa por meio do estudo prévio da empresa e do mercado no qual atua. Atualmente, o uso da internet permite a pesquisa sobre a empresa, mercado e concorrentes. No entanto, essas informações não são para "deitar falação" na entrevista inicial, mas têm como objetivo propiciar ao consultor informações sobre o que perguntar.

Proposta

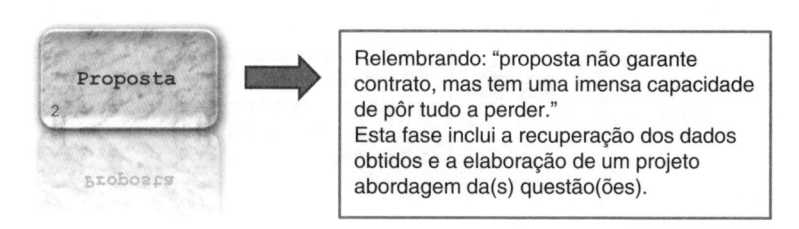

> Relembrando: "proposta não garante contrato, mas tem uma imensa capacidade de pôr tudo a perder."
> Esta fase inclui a recuperação dos dados obtidos e a elaboração de um projeto abordagem da(s) questão(ões).

A proposta é um instrumento vital na consecução da venda. Sua elaboração implica recuperação e organização das informações obtidas na entrevista inicial. A explicitação das etapas do projeto deverá ser cuidadosamente elaborada, pois há uma enorme probabilidade de, salvo pequenos ajustes, ela vir a ser o referencial que guiará todo o processo. Toda a atenção e o cuidado são, portanto, exigidos. Apenas como lembrete: a entrega de uma proposta técnica que intermedeie a da proposta comercial sempre propiciará uma discussão de ajuste da demanda, o que pode ser fundamental para o sucesso do projeto.

Não devemos nos esquecer de que, até essa fase (entrega da proposta), a venda não ocorreu. Ela se dará exatamente na apresentação da proposta. Por isso, convém que essa entrega seja feita pessoalmente, o que pode e deve ser combinado na entrevista inicial. Não é um estratagema comercial, e sim a oportunidade de aferir o entendimento da situação por parte do consultor, a adequação do que está sendo proposto às demandas e expectativas do representante do cliente.

Contrato e decisão de agir

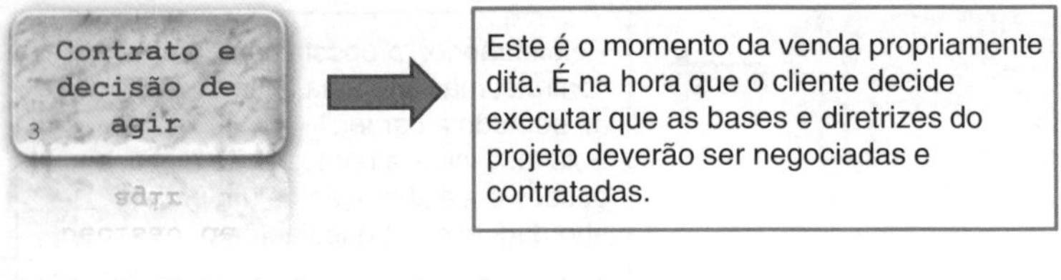

A venda propriamente dita se concretizará em um encontro do consultor com o contratante para a negociação de preços, prazos e forma de agir. O consultor deve ter clareza de qual é o papel real do contato no processo de contratação. Ele pode ser o requisitante do serviço, mas não o responsável pela decisão final. Nesse caso, a proposta terá de ser vendida internamente, e é provável que seu contato faça essa venda. Assim, a apresentação da proposta adquire novo contorno, pois o consultor deverá preparar seu contato para essa venda.

Esse encontro servirá de balizamento para o restante do processo, portanto, prazos, responsabilidades e, em especial, expectativas devem ser negociados com muita clareza. Um item em particular precisa ser amplamente discutido: as expectativas do cliente quanto aos resultados, quanto ao papel da consultoria e quanto à qualidade da relação. É neste momento que o consultor precisa também colocar suas expectativas, esclarecendo o que espera do cliente nas diversas fases do projeto.

Como o consultor tem apenas o poder de influenciar, o processo de corresponsabilização do contratante pelos resultados do projeto começa nesse contrato de expectativas. A máxima "o problema é do cliente e a solução também" caracteriza a necessidade de esclarecer papéis no momento da contratação. O consultor deve funcionar como catalisador de uma reação química, provendo os meios e métodos para a solução da questão, mas não interferindo nos elementos estruturais, por não fazer parte deles. Muitos processos de consultoria fracassam quando o consultor confunde seu papel e resolve executar ou dar ordens, fazendo uso de uma autoridade que ele não tem. O contrário também é verdadeiro – muitos processos fracassam, pois o cliente espera que o consultor aja como executivo, quando naturalmente ele não pode.

Essa clareza dos papéis precisa ser a todo tempo vigiada durante o processo e, muitas vezes, renegociada. Lembro-me de um episódio interessante em que uma desatenção minha com relação a papéis quase causou um estrago. Como parte da implantação de um modelo de gestão, reuniões periódicas de avaliação das estratégias seriam realizadas. Na primeira reunião, ao procurar o presidente, encontrei-o sentado em meio à plateia aguardando que a equipe da consultoria conduzisse a reunião. Eu havia me esquecido de combinar papéis, a atitude dele era absolutamente natural. Foi preciso muito engenho e arte para, devagar, sem que a plateia percebesse, levá-lo ao centro do palco para assumir o comando, que era naturalmente dele. Como era de se esperar, o presidente percebeu tudo, e uma longa reunião seguiu-se ao episódio para que pudéssemos esclarecer o que havia ocorrido. A situação foi constrangedora, acho que mais para mim e minha equipe que propriamente para o executivo, porém rendeu-me uma forte lição: não agir por pressuposições, não imaginar que as pessoas devam saber sozinhas o que fazer. Cada passo de qualquer projeto envolve papéis e negociação sobre eles. Cada passo de qualquer projeto precisa ser pensado e antecipado; há pouco espaço para improvisações quando você está mexendo tão fortemente na cultura de uma organização.

Quando lidamos com projetos de consultoria, temos de levar em conta duas variáveis: tempo e grau de dificuldade para a realização da mudança.[2] Podemos traçar o gráfico a seguir para exemplificar esses graus de dificuldade:

---

[2] *Le Conseil en management: guide pour la profession*. Laussane: Organisation Internationale du Travail, 1978.

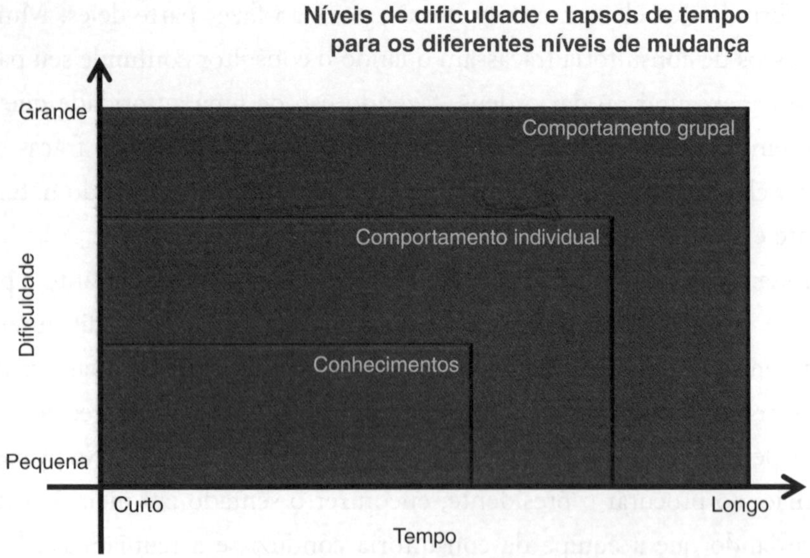

Noventa por cento dos projetos de consultoria, a despeito de sua natureza, se encaixam no grau máximo de dificuldade e tempo, pois exigem mudanças de comportamento do grupo. Mesmo um projeto que aparentemente possa ser encarado como simples, por exemplo, a certificação de qualidade de uma linha de produção, envolve a mudança de comportamento coletivo; caso contrário, não se sustentará. Desconsiderar o fator humano nos processos de mudança é provavelmente a única causa de fracasso no desenvolvimento de projetos.

Esse fator tão crucial precisa ser negociado no instante da decisão de iniciar o projeto. A comunicação com os envolvidos é o primeiro passo e precisa ser negociada no momento da contratação. Ela não cabe à consultoria, um elemento ainda estranho à estrutura social da empresa cliente, mas ao contratante. A consultoria pode e deve orientar o teor dessa comunicação, que, ao contrário do que se possa imaginar, não é um ato burocrático, mas uma atitude de exposição da direção. Sem esse grau de cumplicidade entre contratante e consultor, o fracasso puro e simples do projeto pode ocorrer, pois cada grupamento social possui e sempre possuirá seus mecanismos de defesa, sabendo perfeitamente o que fazer no sentido da autopreservação.

O diagnóstico

Provavelmente a fase mais importante de qualquer projeto. É momento da "venda" interna da proposta. O momento de estabelecer alianças, dar-se a conhecer a todos os envolvidos e obter apoio para a realização das atividades.
É também quando se obtém o "ajuste" fino das questões que deverão ser tratadas.

Talvez essa seja a etapa de maior importância para qualquer projeto. Até este momento, o consultor dispõe apenas das informações sob o ponto de vista de um ou mais declarantes e que não espelha necessariamente a verdadeira natureza da questão ou questões que deverão ser tratadas. A etapa de diagnóstico torna-se assim fator crítico do projeto, pois, somente após sua realização, uma noção mais realista da extensão das questões a serem tratadas será conhecida.

O diagnóstico é também o momento da "venda interna" do projeto, pois é quando o consultor vai ter contato com as pessoas que serão afetadas ou afetarão o andamento das atividades.

Muitas vezes, o representante do cliente acredita que a entrevista inicial supre as informações necessárias ao diagnóstico da situação e oferece resistência à inclusão de uma etapa assim denominada. É preciso contornar essa objeção, sem, no entanto, abrir mão da realização da atividade. "Vendê-la" como aprofundamento do diagnóstico inicial ou então como a indispensável familiarização do consultor e da equipe com os processos negociais, produtivos e com a cultura da organização é uma alternativa facilmente justificável, que contorna a objeção muitas vezes colocada por desinformação do cliente sobre processos de consultoria.

Execução

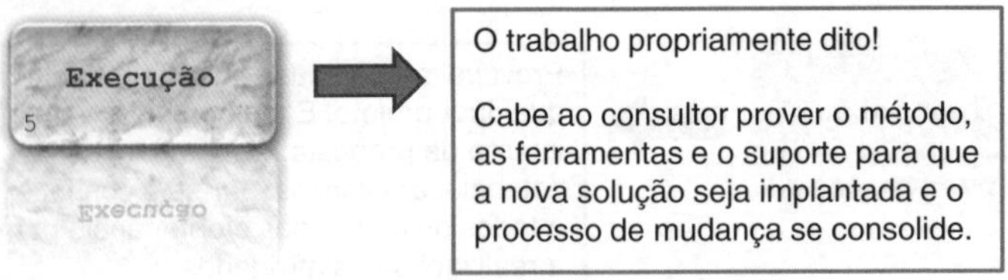
Execução
5
O trabalho propriamente dito!
Cabe ao consultor prover o método, as ferramentas e o suporte para que a nova solução seja implantada e o processo de mudança se consolide.

É natural, portanto, que a fase de execução seja bem planejada e que o andamento possa ser monitorado em conjunto com o cliente. É necessário clareza das etapas percorridas e a percorrer, pois o cliente não pode ficar na situação de ter de adivinhar o próximo passo. O gráfico de Gantt, com a previsão de cada uma das etapas, já exposto na proposta, é o guia para o controle das atividades, e eventuais correções em sua trajetória são decididas de forma conjunta entre consultoria e cliente.

Depreende-se disso que, até mesmo nos projetos em que caracteristicamente o consultor age como facilitador, lidando, portanto, com situações emergentes na maior parte do tempo, uma base metodológica com clareza dos passos a serem dados é fundamental. Somente dessa maneira o cliente não se sentirá perdido em meio às atividades cotidianas e àquelas referentes ao projeto de consultoria.

Um bom exemplo é a fase de concepção, desenvolvimento, implantação e monitoramento de um modelo de gestão para a empresa. Tarefa complexa, envolve um longo período de trabalho conjunto, demandando, na maioria das vezes, mais de um ano de atividade, pois exige o fechamento de um ciclo completo de planejamento e monitoramento e, pelo menos, o início de outro, já que sua mecânica se tornará recorrente nos ciclos anuais subsequentes.

Ao contrário do que muitos parecem acreditar, as dificuldades de operação de qualquer sistema não estão na concepção ou no modelo a ser adotado, mas em colocar o modelo em operação. É o "como", muito mais que "o quê", que acarreta a maior dificuldade. Pressupor que a consultoria sabe "o que" deve ser feito, deixando a operação *a posteriori* por conta da empresa cliente, é talvez a maior fonte de decepção e desvalorização do trabalho de consultoria. É aí que muitas se queimam. Apresentam-se como "o caminho, a verdade e a vida", deitam modelos pré-fabricados e, posteriormente, vão deixando para o cliente a tarefa de "como" colocar tudo em prática. A presença de "pica-paus"[3] acarreta irritação e resistência (naturais) em todos os envolvidos no projeto e concorre fortemente para invalidar os resultados.

É interessante observar como muitas consultorias possuem, por exemplo, soluções prontas de estratégia mercadológica para o mercado do outro. Talvez uma versão moderna de Augusto Comte, em que alguns compêndios determinam o que deve ser feito sem que se levem em conta as peculiaridades de cada cultura organizacional.

A execução obedece necessariamente algumas etapas:[4]

a. Preparação

   i. *Diagnosticar.*

   ii. *Identificar* as características próprias do ambiente.

   iii. *Devolver* ao cliente a síntese do que foi levantado.

   iv. *Detalhar* as diretrizes de atuação da consultoria.

b. Adaptação

   i. *Adaptar* a metodologia da consultoria às especificidades da empresa e do projeto.

   ii. *Construir* a estratégia de atuação.

---

[3] No jargão de consultoria: profissionais juniores incumbidos de levar a cabo as atividades do projeto.

[4] Uma contribuição inestimável do consultor João Carlos Ranner.

c. Educação

i. *Elaborar* os treinamentos necessários.

ii. *Treinar* os envolvidos.

iii. *Disseminar* os conceitos a toda a organização

d. Aplicação

i. *Aplicar* as novas técnicas experimentalmente.

ii. *Corrigir*, se necessário.

iii. *Implementar* as novas técnicas no cotidiano da organização.

e. Consolidação

i. *Monitorar* e acompanhar a aplicação.

ii. *Apoiar* a execução.

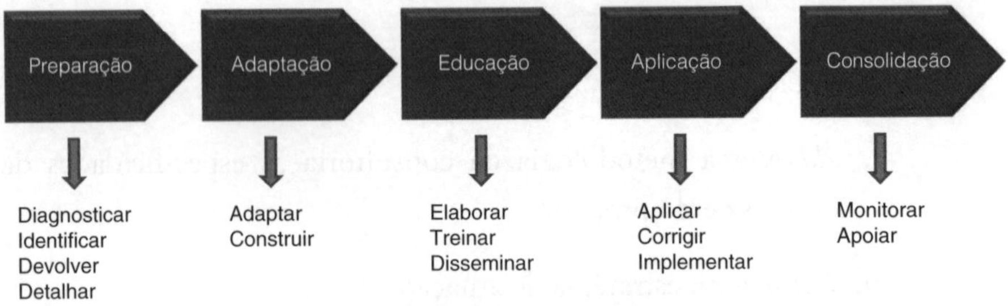

Por fim, vem a fase de desligamento da consultoria – o término do trabalho.

Fechamento

A empresa deverá continuar o projeto sem a presença do consultor.

É a hora do consultor retirar-se, assegurando as condições para que todo o investimento feito no processo não se perca.

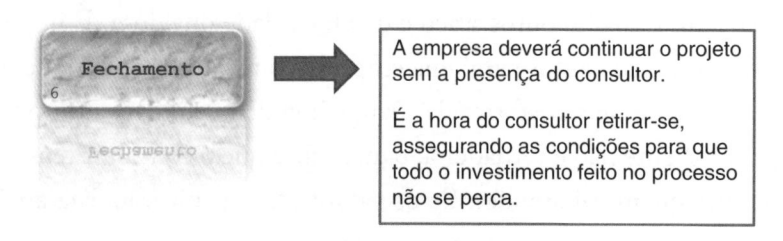

Quantos não são os projetos de consultoria que cessam em vez de terminar? Muitas vezes escutamos nas organizações a pergunta: "E aqueles consultores que andavam por aí, que fim levaram?" Ou então: "Muito bacana aquele encontro com a consultoria na convenção de vendas do ano passado, sobre o que era mesmo?"

Nada mais terrível que isso. A intervenção não surtiu qualquer efeito, nada restou da meteórica passagem dos consultores, e as mudanças não foram feitas. A efetividade é produto da continuidade, da incorporação às práticas cotidianas do objeto do projeto realizado. E a sensação de que se jogou dinheiro fora somente reforça preconceitos contra o trabalho de consultoria, privando muitas organizações do benefício que tais serviços podem trazer.

A saída da consultoria do processo necessita ser um episódio tão marcante quanto a chegada. O legado dessa passagem precisa ficar explícito a todos, e a data, marcada como novo começo, uma nova era. Caso contrário, o consultor terá "arranhado a tinta", mexido na superfície sem induzir a mudança necessária. É de se esperar do cliente empenho na continuidade, porém os meios para que ela seja possível devem emanar do consultor. Essa tarefa é indelegável e, se você pretende ser mesmo um consultor de sucesso, "bulas papais" recomendando *x* ou *y* não assegurarão essa continuidade.

O trabalho de desligamento exige um compromisso legítimo e forte com o objetivo da mudança pretendida: é mais uma questão de empenho que de método, de trabalho duro que de recomendações sábias.

É daí que decorre o verdadeiro compromisso consultor-empresa cliente. Se não houver interesse legítimo e empatia com a empresa, nada ocorrerá e será mais um trabalho burocrático e de efetividade duvidosa. É impossível trabalhar como consultor para uma empresa com a qual não há empatia ou o desejo ardente de transformá-la. A máxima de que o consultor pode escolher seu cliente não é verdadeira, o que vale é que o consultor tem o *dever* de escolher quem vai atender. Se os valores da organização, sua atividade ou sua cultura não estão alinhados aos valores e a cultura do consultor, nada de efetivo poderá ser produzido. Não se trata de uma questão de método, mas um princípio basilar de funcionamento de processos que, antes de pertencerem ao domínio da técnica, pertencem ao domínio da dinâmica das relações humanas e da cultura de grupamentos sociais.

Muitos se intitulam consultores de organização, mas poucos de fato o são. Isso decorre do fato de que consultoria é uma opção de vida e de carreira, com implicações que vão desde a vida pessoal do profissional até a adoção de uma ética que ultrapassa as posturas básicas preconizadas nos manuais de negócios.

Ela envolve aspectos mais sutis. Para tanto, vamos lançar mão do pensamento sempre sábio do rabino Nilton Bonder. Em seu livro, *A cabala do* dinheiro,[5] ele chama nossa atenção para um tipo especial de ética ao narrar a seguinte situação:

> Se você retirar do bolso de alguém alguns trocados, estará sem dúvida cometendo um delito, o roubo, algo grave e condenável. Porém, esse mesmo indivíduo que teve o dinheiro "surrupiado" por alguém economizará, trabalhará mais e, de certo modo, mais adiante poderá recuperar o bem material perdido. No entanto, se você marcar um encontro com uma pessoa e se atrasar por meia ou uma hora, esse tempo que você "roubou" a pessoa jamais poderá recuperar.

---

[5] Bonder, Nilton. *A cabala do dinheiro*. Rio de Janeiro: Imago, 1999.

Assim também o sábio rabino refere-se ao roubo de expectativa. É muito grave, perda irreparável, tempo de vida, energia de esperança. Essa ética vai além do fato literal, que ultrapassa a fronteira da consciência imediata; não é uma habilidade do consultor, mas característica de sua personalidade. Alguém que não esteja disposto a ir além trabalhará por dinheiro, exercerá influência, sem dúvida, mas será incapaz de realizar transformações.

Por essas e outras é que reitero que consultoria não é alternativa ao desemprego, mas opção de vida e de carreira que transcende o como ganhar a vida em favor de valores e ideais, muitas vezes em detrimento do ganho fácil. É o que distingue o apenas bom do excelente. Conheci muitos consultores bons, raros foram os excelentes. E isso não se mede pela glória ou fama obtida, mas pelo significado e, portanto, exige daquele que quer ser excelente um compromisso com algo muito mais abrangente que a simples aplicação de técnicas, métodos ou fórmulas. Uma organização não é um todo encerrado em si mesmo, mas parte integrante de um universo com o qual interage positiva ou negativamente, e prestar consultoria apenas à parte, sem a visão do todo, empobrece o trabalho e esvanece seu significado.

Outro aspecto relevante na vida de um consultor diz respeito às suas crenças no ser humano. Um consultor subserviente a hierarquias ou que se sinta atraído pelos símbolos de status e poder não é consultor. Gosta do poder de comando. Está mais para Luís XV que para Cardeal de Richelieu, e isso pode ser desastroso. A vida do consultor não está no trono, mas atrás dele – é fora do palco, nos bastidores, que ele colhe a satisfação de seu trabalho. É o desejo autêntico de provocar mudanças e partir para um novo desafio que move o verdadeiro consultor. De uma missão a outra, de um cliente a outro, em permanente movimento e constante renovar.

Lembro-me de um cliente, poderoso industrial, que, quando lhe disse que devíamos passar as atividades que eu executava como consultor para alguém de dentro da organização, negou-se veemente a fazê-lo. Disse-me em tom brincalhão, porém de forma muito clara:

Não, não é bem assim! Primeiro, gostamos das palhaçadas que você faz aqui (tomei isso como elogio); segundo, você é o único aqui que me manda à merda, e eu vou. Ninguém dentro da organização teria coragem ou sinceridade para isso.

Ele é meu cliente até hoje, e eu, fiel ao nosso contrato, continuo a ser malcriado, enfrentando-o muitas vezes em duras discussões. Esse é o papel do consultor. "O bobo da corte não dá ordens aos súditos, mas põe um espelho na frente do rei."

AS HABILIDADES DE CONSULTORIA

A atividade de consultoria exige uma gama de habilidades bastante variada.

A primeira delas naturalmente é saber vender, como abordamos antes. As demais podemos dividir em três grupamentos:

- Habilidades técnicas.
- Habilidades interpessoais.
- Habilidades de consultoria propriamente ditas.

As habilidades técnicas são aquelas inerentes à especialidade do consultor. E, devido à natureza da atividade, manter-se atualizado é sempre um grande desafio para o profissional. A irregularidade da agenda e as viagens constantes não são exatamente facilitadoras do processo de reciclagem de conhecimentos.

É quase desnecessário discorrer sobre a importância que as habilidades de relacionamento humano têm para a consultoria. Toda a atividade de consultoria envolve interação com pessoas e grupos. Boa parte dos projetos de consultoria que não alcançam um resultado positivo se deve a conflitos entre consultor e pessoas da empresa cliente.

Dentre elas, devemos destacar algumas:

1. Empatia. Não deve ser confundida com simpatia. Empatia é a capacidade que o indivíduo tem de perceber e sentir o que o outro está percebendo ou sentindo. É compreensão! Portanto, atenção ao outro é a palavra de ordem. Ouvir ativamente, jamais pensando no que vai falar após a pausa do interlocutor. Inspirar e expirar: essa pausa dá ao cérebro tempo mais que suficiente para assimilar o que acabamos de ouvir e organizar a resposta em função dessas informações. Ouvir ativamente evita a perda de informações importantes, impede diagnósticos precipitados e reforça a ponte entre os interlocutores. Essa atitude tem como contrapartida a mesma atitude do interlocutor, que também passa a prestar mais atenção e a falar mais pausadamente.

2. Assertividade. É a capacidade de expressar seus sentimentos, pensamentos e opiniões de maneira verdadeira e franca, exercendo seus direitos e respeitando os direitos, as opiniões e sentimentos dos interlocutores. Em resumo: é dizer "não" quando você quer dizer "não", e dizer "sim" quando quer dizer "sim". Aparentemente simples, ser assertivo requer boa dose de autoconhecimento e maturidade. Em nossa cultura, ser assertivo é muitas vezes confundido com agressividade. Para um consultor, ser assertivo é imprescindível. Na interação com os clientes, não ser assertivo pode ser fatal. O consultor precisa expor as situações com clareza, em linguagem não avaliativa, de modo objetivo e com base no relato de fatos e evidências. Qualquer tentativa de manipulação da comunicação é uma traição ao contrato consultor-cliente.

Se o consultor for passivo na comunicação com o cliente pode deixar de exercer seu papel de facilitador isento. O consultor não está no projeto para agradar o cliente e colocar lentes cor-de-rosa, mas sim para contribuir de forma positiva e objetiva para o alcance dos resultados pretendidos.

Comportar-se de maneira assertiva exige escuta ativa, ou seja, atenção para o que o outro está falando e, após uma reflexão, responder adequadamente à situação. Envolve ainda o uso do tom adequado, linguagem inequívoca e positiva.

3. Apoio. Mais que uma habilidade, é inerente ao caráter do consultor a postura de apoiar os outros em seus objetivos. O lastro de confiança entre cliente e consultor é sedimentado e ampliado com a percepção de uma atitude constante de apoio.

4. Comunicação. A interação com as pessoas da organização cliente cobre a maior parte do trabalho de consultoria. Desta forma, todos os aspectos da comunicação são fundamentais. Uma postura constante de educador permitirá o exercício da metodologia.

Vamos lançar mão das etapas definidas para o processo de consultoria no capítulo anterior. Etapa por etapa, vamos olhar mais de perto as habilidades que um consultor precisa ter para tocar adiante as atividades necessárias.

Convém advertir que a lista que ora iniciamos não esgota o assunto, pois muitas das habilidades apontadas o são sob a forma de um termo abrangente que envolve na verdade um conjunto de habilidades, e não apenas uma.

Etapa 1: aproximação e contato inicial

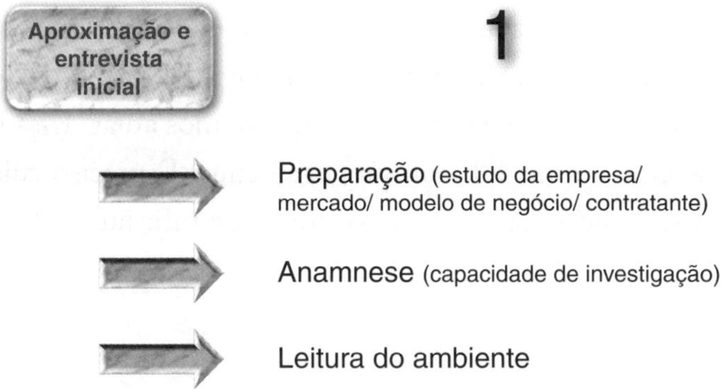
Aproximação e entrevista inicial
1
Preparação (estudo da empresa/ mercado/ modelo de negócio/ contratante)
Anamnese (capacidade de investigação)
Leitura do ambiente

A habilidade de *preparação* vai muito além da simples tomada de informações sobre a empresa a ser contatada. Envolve uma correta interpretação das informações coletadas, o que implica isenção, evitando-se qualquer prejulgamento. É perigoso também traçar paralelos com experiências anteriores. Novamente, "empresas familiares são assim mesmo", "já vi isso antes" e "empresas americanas só pensam o curto prazo" são exemplos de frases assassinas, que impedem uma análise isenta e precisa.

A preparação ainda carrega um alerta importante. Saber sobre a empresa, seu mercado e modelo de negócio tem como objetivo orientar a investigação, e não fazer um pré-diagnóstico.

Exploramos antes a anamnese; porém, uma dica adicional é necessária: é preciso praticar. O roteiro de investigação não é linear, tampouco padronizado. É construído caso a caso e, o mais importante, durante o processo, não antes dele. Para todos nós é muito difícil entrevistar e ao mesmo tempo tomar as anotações necessárias. Uma boa saída é comparecer com outra pessoa que vá anotando tudo o que puder. Isso propicia maior retenção de informações e ao mesmo tempo permite ao entrevistador uma atenção totalmente focada no contato, podendo observar a linguagem não verbal que estará presente durante a entrevista.

A *leitura do ambiente* é uma habilidade especial. Em trânsito pelas instalações do cliente, pode-se (e deve-se) colher muitas informações: traços da cultura, normas não escritas de comportamento, clima organizacional. Uma boa olhada e muitas dessas coisas podem ser percebidas. O semblante das pessoas, suas palavras e formas de interagir são capazes de fornecer dados importantes sobre o ambiente em que iremos atuar. Essa habilidade também esconde a armadilha do prejulgamento. É preciso cuidado para observar fatos e colecioná-los sem, no entanto, emitir juízos de valor.

Etapa 2: proposta

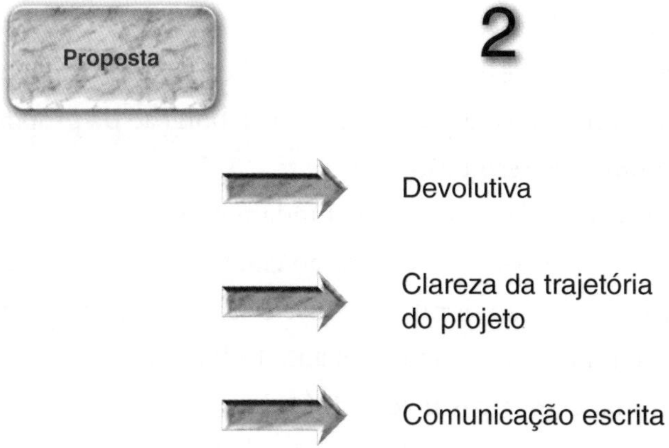

Uma habilidade fortemente requerida na fase de elaboração da proposta refere-se à *devolutiva da entrevista inicial*. É nesse momento que o cliente pode perceber nossa compreensão das questões por ele apresentadas. Exige não só uma recuperação precisa dos dados levantados como também a destreza de apresentá-los de forma sintética, clara e objetiva.

Um episódio interessante marcou minha carreira de consultor. Certa vez, recebi a encomenda de um grande empresário do ramo de comunicações. Sua organização havia crescido aceleradamente nos últimos anos, e novas estratégias e um novo modelo de gestão precisavam ser concebidos. Ao entregar-lhe a proposta, acompanhei a leitura atenciosa de todo o documento. Folheou e folheou, algumas vezes. Reclamou uma ou duas vezes do preço, mas voltou à leitura atenta, em particular do primeiro item – nossas percepções –, no qual relatávamos o que havíamos entendido em nossa primeira entrevista. Ao término da leitura, exclamou: "Confesso a vocês que da página dois em diante não entendi nada do que pretendem fazer. Porém, vocês entenderam onde me apertam os sapatos. Quando começamos?"

Esse episódio retrata a importância que esse item da proposta tem no processo de contratação. Elaborá-lo exige cuidado, esmero, clareza, objetividade, mas sobretudo exige uma identificação plena com as questões apresentadas pelo cliente.

Compreender as questões do cliente e saber demonstrar-lhe esse entendimento são habilidades requeridas para a elaboração da proposta e formulação do caminho de resolução.

Clareza da trajetória do projeto. É fundamental também que o consultor tenha a habilidade de dar demonstração clara ao cliente de como o projeto se desenvolverá. Isso não significa apenas estabelecer etapas e cronogramas, mas implica também que tenha clara a metodologia que dará sustentação a esse cronograma e às etapas nele incluídas.

A metodologia de um consultor é na verdade o único ativo de sua empresa. O "como" fazer as coisas é que distingue você no mercado – raramente é "o que" se faz. Achar sua contribuição singular nem sempre é tarefa fácil. Ser um superespecialista em determinado assunto poderá distingui-lo por um tempo, exigindo um esforço constante de atualização e o enfrentamento de uma competição acirrada.

A senioridade e a experiência em determinados assuntos também não sustentam uma contribuição singular. Por maior vivência que se tenha em um campo do conhecimento, isso também pode se esgotar.

Uma dica bastante boa pode ser encontrada em uma pesquisa realizada pelo IBCO (Instituto Brasileiro de Consultores de Organização) junto a empresas clientes contratantes de consultoria e que concluiu que:

> É bastante forte a percepção de que as tendências apontadas exigem mais dos consultores em todos os aspectos relacionados à sua atividade, especialmente na necessidade de reforço do *networking* e da valorização da qualidade e da ética como fatores competitivos.
>
> Entre os aspectos que mais fazem falta aos consultores que estão entrando no mercado, segundo a percepção dos respondentes, está a *falta de competência na atividade de consultoria.* IBCO – Instituto

Brasileiro dos Consultores de Organização. "Pesquisa de honorários e tendências da consultoria no Brasil". 10ª edição. São Paulo, 2009.

Qualidade e ética são fatores competitivos, e a principal queixa, a falta de competência na atividade de consultoria. "Saber ser consultor", esse parece ser o calcanhar de aquiles. Dominar algum campo do conhecimento é fator necessário para o exercício da profissão, mas não é o suficiente. Exercida fora dos padrões rígidos e previsíveis das estruturas organizacionais, porém com a missão de influir e modificar essas mesmas estruturas, a profissão exige muito do consultor.

Resta ainda examinar uma habilidade especialmente aplicável na fase de elaboração da proposta: *comunicação escrita*. Em nosso país e, particularmente no mundo dos negócios, esse aspecto da comunicação tem se mostrado problemático. Um linguajar eivado de termos estrangeiros e linguagem pretensamente rebuscada tem se espalhado nas organizações como verdadeira praga.

No discurso de um executivo, podemos nos deparar com absurdos como: "Devemos tangebilizar o valor agregado ao cliente de forma que os *stakeholders* possam viabilizar seus investimentos na expansão do mercado." Espero que você esteja sentado, pois a frase acima não só foi proferida em público com o ar de seriedade de que deve se revestir um executivo como foi aplaudida pelo público presente, merecendo menção posterior em revista especializada. Nem Champollion, com a genialidade que lhe possibilitou decifrar a Pedra de Roseta, seria capaz de entender o que o famoso executivo tentou falar. Devemos notar algumas peculiaridades dessa fala: o uso de verbos terminados em "bilizar": viabilizar, compatibilizar, tangebilizar! Recordo-me de um jornalista que disse que no ritmo que as coisas vão qualquer dia desses qualquer um vai "falabilizar do jeito que bem quilibiliser".

Não raro consultores têm a tentação de parecer rebuscados. Talvez para tentar valorizar o trabalho, talvez por insegurança, talvez por acreditar que essa é a linguagem corrente no mundo empresarial. O efeito dessa atitude normalmente é o inverso do pretendido. Perde-se clareza e objetividade, e periga ser contratado pelo projeto errado no lugar errado.

Escrever bem demanda simplicidade: uma linguagem isenta de temos técnicos ou jargões, que evita o uso de siglas e utiliza palavras estrangeiras apenas quando elas não têm paralelo em nossa língua. Não customize, faça sob medida! As armadilhas de pretensa clareza estão por toda parte.

Etapa 3: contrato e decisão de agir

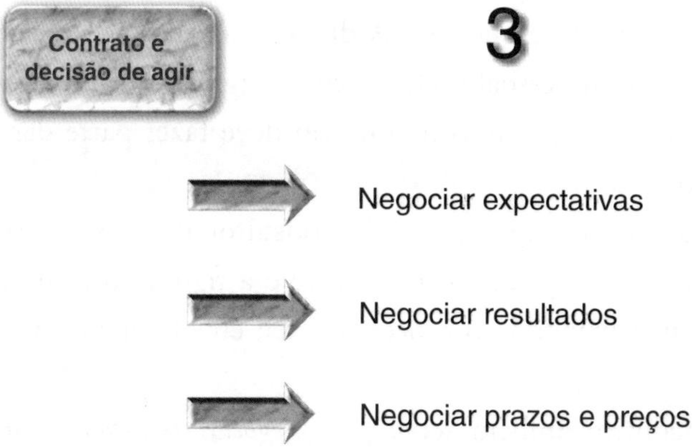

A discussão da proposta com o cliente é o momento efetivo de fechamento da venda. As habilidades exigidas do consultor nesse episódio são efetivamente de negociação. É nesse encontro que são estabelecidas as bases de desenvolvimento do projeto e a oportunidade – talvez única – de criar com o(s) interlocutor(es) a aliança necessária à corresponsabilização pelo desenvolvimento e resultados do projeto.

Não custa relembrar que o consultor é um profissional que, na organização cliente, tem apenas o poder da influência, cabendo a execução e o comando das ações necessárias aos líderes da organização. Nesse aspecto, a negociação de expectativas reveste-se de importância vital para a obtenção da aliança imprescindível ao sucesso do projeto.

O *negociar expectativas* deverá originar um contrato a ser firmado entre consultor e empresa cliente. Ele precisa ser registrado; escreva e peça para o cliente escrever. Esse registro simples servirá de base para avaliações futuras. Solicite ao cliente que registre o que ele espera do consultor, qual papel ele quer que o consultor exerça e também as expectativas quanto à relação. Enquanto isso o consultor também deve registrar suas expectativas nessa relação. Discutir cada ponto do que foi escrito é o que finaliza esse contrato.

É parte integrante do contrato inicial de expectativas que o consultor explicite seus desejos quanto ao processo de comunicação que deverá ser feita a toda a empresa para anúncio do projeto de consultoria. Esse é um aspecto muitas vezes esquecido. A divulgação burocrática feita através de um comunicado impessoal pode dificultar significativamente a atuação do consultor. A estratégia de comunicação deve fazer parte das expectativas do consultor.

Ainda dentre as expectativas do consultor inclui-se a escolha de um "patrono" para o projeto. Normalmente é a figura do principal executivo que deve patrocinar todo o processo – seu envolvimento precisa ser contratado.

Esse encontro também serve para *negociar resultados* para o projeto. Relembrando que eles precisam ser expressos em fatos universalmente observáveis, evitando-se, portanto, intenções vagas. Dizer que ao término do projeto se espera que a área comercial esteja "bombando" pode ser divertido, mas certamente não fornece qualquer elemento de verificação de objetivo alcançado (não vamos esquecer as lições de Robert Mager). A negociação de resultados também deve expressar os limites da ação do consultor, o que ele pode e o que não pode fazer.

Ainda no que se refere à estrutura do projeto, é necessário *negociar os prazos* de cada uma das etapas. É preciso algum cuidado nessa negociação. Os prazos não dependem apenas do consultor, mas, e principalmente, do cliente. É natural que a repetida vivência nas diversas etapas de sua metodologia lhe dê maior previsibilidade dos eventos. Fica evidente que o desenvolvimento claro de uma metodologia e seu detalhamento a partir da definição de cada um dos produtos da consultoria é fator crítico para uma boa execução do projeto. Nessa fase da negociação, deve-se estar preparado para explicar ao cliente as atividades que envolvem cada fase do projeto, o que será necessário em termos de recursos e tempo para cada etapa, bem como os fatores que podem alterar os prazos inicialmente previstos. É bom relembrar que nos prazos previstos precisam ser incluídas todas as atividades que envolvem a correta e clara comunicação a toda a organização da natureza do projeto, de quais áreas serão envolvidas, como elas serão envolvidas e, afinal, os resultados esperados desse projeto.

Negociar preços. Finalmente nessa fase costumam ser discutidos e negociados os valores do trabalho, bem como as formas e prazos de pagamento. É necessário cuidado e tato para essa negociação. A concessão de descontos e abatimentos no preço final do processo, com justificativas como, por exemplo, fazer um preço de entrada ou conceder um desconto significativo apenas para não perder o contrato, é uma armadilha que precisa ser evitada. Não existe preço de entrada – este passa a ser a base para qualquer contrato futuro e, a partir daí, conviver com uma assimetria entre a quantidade e importância do trabalho e o valor final cobrado. Valorize-se e valorize seu trabalho. É natural que exista uma faixa passível de negociação, mas a partir dela somente se pode alterar o valor do projeto se a isso corresponder uma diminuição de seu escopo.

Projetos de consultoria em geral possuem um caráter intangível que dificulta sua valoração, o que leva a negociação para o terreno pantanoso do valor percebido pelo cliente. A clareza dos impactos do projeto sobre os resultados da organização é, portanto, preponderante para a percepção do valor.

Etapa 4: diagnóstico

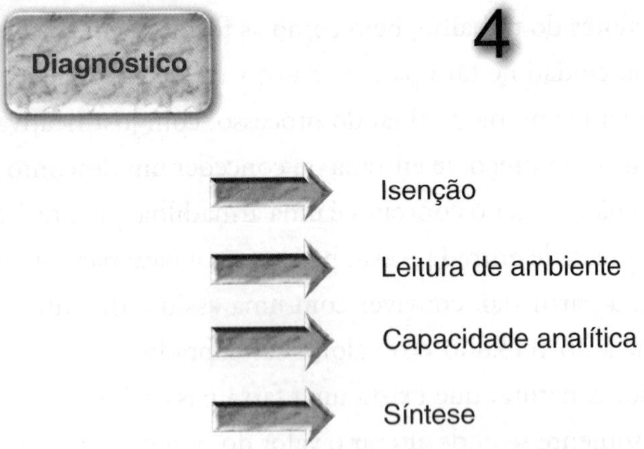

Esta talvez seja a fase mais importante de qualquer projeto. Ele permite:

- O aprofundamento da anamnese inicial, ressaltando os aspectos mais relevantes a serem tratados.
- A ampliação do conhecimento sobre os processos negociais e produtivos do cliente por parte da equipe de consultores.
- A familiarização da consultoria com a cultura organizacional, aos códigos não escritos dessa cultura e seu impacto nas questões relevantes do projeto.
- A familiarização das equipes da empresa cliente com os consultores e compreensão de seu papel no projeto.
- A "venda" interna do projeto. É o momento que os consultores têm para obter aliados internos ao projeto e estabelecer as alianças necessárias às atividades.

Muitas vezes, para a alta administração o diagnóstico é a própria essência do projeto. Lembro-me de uma ocasião em que, ao apresentar os resultados parciais de um diagnóstico, expondo à diretoria apenas os saldos das entrevistas feitas com os diretores, um deles exclamou: "Não imaginava que divergíamos tanto sobre o nosso futuro, como agora ficou demonstrado." Essa afirmação, endossada pelos demais membros do grupo, terminou por abrir uma nova senda no projeto inicial, e praticamente adicionamos à proposta inicial um trabalho com a própria diretoria.

Sendo assim tão importante, a fase de diagnóstico se subdivide, devendo abranger dentre outras variáveis:

- Levantamento das percepções da diretoria a respeito das questões envolvidas no projeto.

- Visita às instalações da empresa.

- Mapeamento do processo decisório da organização.

- Levantamento das percepções das equipes.

- Conhecimento da estrutura e do modo como as diversas áreas se relacionam.

- Levantamento do quadro de indicadores e instrumentos de monitoramento e controle comumente utilizados.

Manter a *isenção* é essencial ao correto diagnóstico. A prática leva à perfeição, diz o ditado, porém também induz ao erro. Há um perigo enorme no "já vi isso antes". Devemos lembrar que cada empresa é um organismo vivo e, portanto, singular. Cauteloso, o bom consultor não emite juízos de valor.

Saber fazer a *leitura do ambiente* é também habilidade essencial. Não são apenas os relatos das pessoas e o acesso a documentos e sistemas de informação que propiciam informação ao consultor. Dados importantes sobre a empresa, sua cultura e sua estrutura social são obtidos pela simples observação do ambiente. Se a criatividade é um valor e parte integrante da cultura, isso deve estar refletido no ambiente da organização, tanto no aspecto físico como nas relações e nos processos de tomada de decisão.

A *capacidade analítica* é a acurada interpretação dos dados colhidos pelo consultor no diagnóstico. É habilidade fundamental para sustentar a devolutiva ao cliente, baseia-se em fatos observáveis e estabelece as conexões entre as variáveis observadas. Interpretar os dados não pode, nem de longe lembrar um palpite; porém, na ocorrência de indicações conflitantes, pode sim apresentar hipóteses alternativas.

Finalmente, temos a capacidade de *síntese*. Todo diagnóstico inclui uma devolutiva aos patrocinadores do projeto, e por isso devemos lembrar: ninguém lê listas telefônicas. É necessário ser objetivo, rápido, claro, selecionar os fatos realmente relevantes de modo que o projeto possa decolar já na devolutiva do diagnóstico. A devolutiva dos levantamentos realizados não é um documento para se ler em casa ou no final do expediente. A devolutiva dada pelo consultor é um episódio de ensino-aprendizagem que deve possibilitar a tomada de decisões. Como visto antes, para muitas empresas o diagnóstico é a parte mais importante do processo.

Etapa 5: execução

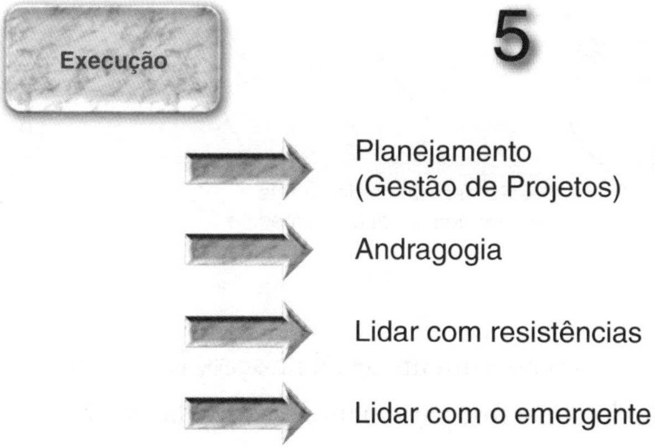

A habilidade de *planejamento* das atividades não se restringe a seguir um cronograma preestabelecido, mas manter as atividades do projeto enquanto a vida da empresa cliente continua normalmente. O projeto deve ser executado com essa condicionante. Assim, frequentes adaptações podem ser necessárias, de modo a assegurar o desenrolar do projeto, mesmo que as pessoas envolvidas sejam "puxadas" pelo que é urgente e momentâneo.

O monitoramento conjunto – consultor e patrono do projeto – é a forma de adequar o planejamento das atividades do projeto às necessidades da organização. Um paralelo interessante é encontrado na navegação à vela. Como nós sabemos, um veleiro pode navegar a favor do vento, lateralmente ao vento até em diagonal, porém não contra o vento.

A navegação à vela é, assim, sujeita ao comportamento dos ventos e das correntes marítimas, que são variáveis e mudam constantemente. Cabe ao navegador estabelecer o objetivo e adaptar-se às mudanças para seguir no rumo desejado.

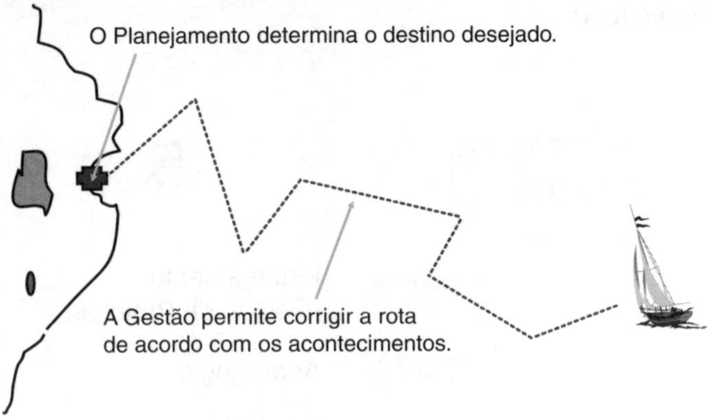
O Planejamento determina o destino desejado.
A Gestão permite corrigir a rota
de acordo com os acontecimentos.

Dessa forma, o planejamento se dá na ação. E esse fato exige uma grande habilidade do consultor para manter as atividades previstas em um quadro que normalmente se mostra conturbado em função das demandas de curtíssimo prazo.

Peter Block[6] alerta que um dos principais erros de qualquer consultor é supor que o processo de execução (ponto central e materialização do processo de consultoria) é fundamentalmente um processo racional. Colocar em ação os requisitos do projeto e realizar a mudança de fato são muito mais complexos e envolvem um número muito maior de variáveis do que apenas seguir um cronograma, por melhor que ele seja.

Tampouco a existência de um padrinho forte para o projeto é capaz de assegurar que o que se pretende seja de pronto colocado em operação. Ordens emanadas do alto da hierarquia são interpretadas, e não automaticamente executadas. Recordo-me, sem que me escape um sorriso, da exasperada exclamação de um presidente de uma gigantesca empresa onde trabalhei quando este disse: "Aparentemente as ordens que eu dou somente são obedecidas por minhas secretárias. Acho que sequer chegam ao elevador do meu andar!" Oriundo do mundo acadêmico, era difícil para esse presidente perceber a complexidade e lentidão de uma empresa de 25 mil empregados.

---

[6] Block, Peter. *Flawless Consulting*. San Francisco: Pfeiffer, 2000.

A inspiração do líder, seu projeto de futuro, não é o bastante para provocar e, sobretudo, manter a mudança. As visões de futuro, tão em moda em muitas organizações, rapidamente se transformam em quadros inexpressivos pendurados na parede. Trata-se da criação de uma cultura, ou alteração de aspectos vitais dessa cultura. A organização como organismo social vivo necessita de mais do que simplesmente frases inspiradoras. Tampouco pressão ou intensidade na execução das atividades produzem impactos significativos em sistemas sociais. O processo de engajamento da organização em uma determinada direção somente se dará com a participação e o envolvimento de fato de todos. Essa é uma das razões por que a corresponsabilização consultor-cliente (e aqui cliente não significa o contratante, mas todos os envolvidos) é fator crítico de sucesso.

Concepção, execução e controle é trabalho meio a meio, e inexiste o consultor ou executivo bíblico capaz de levar o povo à terra prometida. Quando falamos em engajamento, extrapolamos o lado racional e ingressamos no território dos significados, sentimentos e emoções dos indivíduos. A síndrome do curto prazo, tão ao gosto das organizações modernas, alterou de forma profunda os vínculos entre indivíduos e empresas, distanciando em muitas delas o discurso da prática em espaços astronômicos. Esse fato somente acarreta maior dificuldade ao trabalho do consultor, pois, antes de cuidar de uma pequena mudança, necessita sim precedê-la de uma mudança maior no sistema de governança, que é composto de algo além de uma boa auditoria ou da existência de um conselho de administração eficaz e atuante. Ele se constitui de ética interna e externa e da assunção da coerência nos atos da administração. Há muito que fazer. As mudanças necessárias serão produzidas ao se fornecer, na íntegra, os meios para que haja o engajamento. Credibilidade gerencial torna-se, portanto, pedra angular dessa mudança.

Assim, o suporte ao processo implica intensa (e significativa) participação, transparência, tratamento explícito das divergências e resistências e cocriação dos novos comportamentos e sistemas.

Desde modo, continuamente estaremos diante de situações de ensino-aprendizagem.

Andragogia. Na fase de execução, o papel que o consultor exerce é de educador. Isso independe da natureza do projeto e é consequência do fato de que, se o problema é do cliente, a solução também. O termo educador aqui adquire assim uma conotação especial: a de *facilitador* do processo de produção de conhecimento, o que lhe impõe a necessidade de atuar sempre sob os preceitos da andragogia.

O termo andragogia surgiu há mais de um século para distinguir o ensino de adultos do ensino de crianças, a pedagogia. Quando falamos de processo de ensino no adulto, na verdade estamos nos referindo a um processo de ensino-aprendizagem, ou melhor, ainda de "construção conjunta do conhecimento".

O consultor que se imaginar fonte de conhecimento está fadado ao fracasso. Adultos não se envolvem no processo de ensino-aprendizagem por se acharem diante de um oráculo, ou de uma autoridade no assunto. Suas motivações para envolvimento residem na utilidade e aplicação prática do conhecimento criado.

A condição básica para o comprometimento e exercício da criatividade é a participação. Dotado de um amplo conjunto de experiências, o adulto não apenas contribui, mas constrói conhecimento através da interação. De mais a mais, é preciso ter sempre em mente que ninguém mais além dos próprios envolvidos conhece em profundidade as questões pertinentes ao seu trabalho.

Consultorias têm persistentemente falhado em suas missões por partirem do princípio de que sua função é fornecer conhecimento em vez de construir soluções conjuntas. Outras cometem erros mais graves: como, por exemplo, a imprudente utilização de dinâmicas de grupo que infantilizam as pessoas, investindo muitas vezes tempo excessivo para provar o óbvio, ou pior ainda reafirmar conceitos preexistentes. Brincar de cabo de guerra ou descer corredeiras em botes pode ser excelente diversão, porém tentar transformar tais atividades em lições profundas de liderança ou espírito de equipe pode ser adequado aos escoteiros de 8 a 11 anos, mas são patéticos quando aplicados a executivos e suas equipes. Alguns profissionais parecem obcecados pela utilização de técnicas lúdicas para a demonstração do óbvio.

A disciplina rígida subjacente a muitas culturas empresariais faz com que diversas vezes as pessoas se submetam pacientemente a tais práticas sem manifestar publicamente seu desconforto. Somando-se a isso a inexperiência de muitos contratantes, não é difícil que tais práticas sejam rotuladas como um “sucesso”. Na esteira, técnicos de futebol, alpinistas, jogadores de rúgbi ou de pebolim transformam-se em palestrantes a repetir tautologias, sem qualquer sinal de respeito à inteligência dos ouvintes.

É preciso cuidado. Adultos somente se engajam em atividades com aplicabilidade imediata. Assim, somente lidando com problemas e conceitos reais é possível ter êxito em intervenções que devam produzir conhecimento e avanço sobre uma situação identificada.

Isso não significa que toda e qualquer situação de ensino-aprendizagem seja um ensaio de velório. Adultos aprendem melhor em ambientes informais! Esse fato se prende à necessidade de criação de ambientes propícios ao exercício da criatividade, que depende de ambiente, contexto social e método para solução de problemas e tomada de decisões. Ambiente informal não é jardim de infância, e sim a ausência de ritos que reforçam os aspectos de conformidade e propiciam o exercício da crítica e a possibilidade do erro sem penalização.

O comprometimento surge da noção de que o papel é ativo e de que o resultado do trabalho é relevante e consequente. Portanto, cabe ao consultor ser o facilitador do processo, fornecendo metodologia de suporte e adicionando ele mesmo seu próprio conhecimento, como participante e não como oráculo.

Antes de seguir adiante, umas palavras sobre ensino-aprendizagem:

Ensinar exige alegria e esperança

Assim nos falava o mestre Paulo Freire, em seu livro *Pedagogia da autonomia: saberes necessários à prática educativa.*[7] Alegria e esperança, condição básica, essencial para ensinar.

Quem para e pensa um pouco sobre isso logo percebe a boa provocação que nos faz Paulo Freire. Esperança tem tudo a ver com ensino e aprendizagem. Quem quer aprender quer transformação, deseja ampliar seus horizontes. Quem se propõe a mediar um processo de ensino-aprendizagem acredita que a transformação é possível, é movido pelo inconformismo, faz da esperança uma profissão.

Inconformismo, talvez seja este o traço mais forte a unir o autêntico mediador e o autêntico aprendiz. A palavra "autêntico" aqui é necessária diante do discurso fatalista e asséptico que se fez cada vez mais presente nesta era de globalização. É preocupante assistir à proliferação em nossa sociedade de uma "educação para o conformismo", aquela que, destituída das ferramentas da análise e da crítica, *adestra* o indivíduo a exercer o papel que lhe é predeterminado pelo sistema. A palavra "educador" fica corrompida; a palavra aprendiz então nem se fale, vira nome de *reality(?) show*, a promover valores e códigos de conduta destituídos de sentido.

O processo de ensino-aprendizagem não pode assim ser corrompido. Educação é libertação, autonomia, expansão de limites, e seu oposto não é a ignorância – esta é a ausência de educação. Seu contrário é o adestramento, o treinar para a conformidade. E conformidade é fatalismo, é desesperança. Estamos diante do monólito do pensamento hegemônico do "turbocapitalismo" que impõe o que não pratica, que destrói o que não lhe é útil. Uma Idade Média tecnológica, na qual o mundo mergulhou na metade do século passado e da qual a única saída é um novo Renascimento.

---

[7] Freire, Paulo. *Pedagogia da autonomia: saberes necessários à prática educativa.* São Paulo: Paz e Terra, 1996.

E esse novo Renascimento depende, tal como aquele de Michelangelo e Leonardo da Vinci, da inquietude intelectual, da vontade de aprender e de ensinar, para romper o imobilismo, para fazer novamente girar a roda da evolução.

Neste quadro o papel de todo e qualquer educador, esteja ele atuando onde estiver, é e será fundamental. Se à inquietude intelectual e ao inconformismo cabe acender o fogo onde arderá o obscurantismo, é o educador o artífice de sua propagação. Pela atuação responsável, crítica, estimuladora da crítica e, principalmente, construtora da autonomia.

Pelas armas talvez seja possível destruir o mundo, mas para construí-lo são necessários a curiosidade inventiva, o prazer da descoberta e da construção do conhecimento. E, quando chegamos a este ponto, estamos diante da outra provocação do professor: a alegria.

Filha da esperança, ela também está presente na lúdica trajetória da descoberta. Inconcebível ter inventividade ou criatividade no cismar taciturno ou rancoroso. O indivíduo criativo é alegre, despreocupado, age "zen-budisticamente" em relação ao objeto de sua curiosidade, isolando todo o resto. O conhecimento assim produzido é quase um efeito colateral, um resultado não premeditado do processo.

Percebe-se presente aqui a alegria, experimentada com facilidade por quem já esteve envolvido intensamente com um processo de ensino-aprendizagem. Os momentos de interação mediador-participante são intensos, o tempo para ou deixa de ser importante, e todos dentro da sala parecem mergulhar fundo, imersos no processo de descoberta.

Indissociáveis, esperança e alegria não são capacidades que podem ser adquiridas, não são habilidades que podem ser desenvolvidas, tampouco são competências de um educador. Elas são a manifestação visível do compromisso autêntico de alguém com a transformação do ser humano, com a possibilidade da expansão da consciência, com a firme convicção de que isso é uma missão pessoal e indelegável. Ser educador não é o início, mas o resultado dessa postura de vida.

Outro aspecto fundamental das situações de ensino-aprendizagem de adultos refere-se à transparência. Dúvidas são dúvidas e publicamente precisam ser tratadas. Conflitos e resistências também, tudo precisa ser colocado em cima da mesa. Cabe aqui um aviso aos contratantes: caso não haja a intenção da participação efetiva e das implicações disso, é melhor deixar como está. O discurso de foco e relacionamento com o cliente não suporta um serviço de atendimento terceirizado e pasteurizado. Valorização do ser humano na organização não combina com assédio moral, e ética não combina com alguns gramas a menos na embalagem mantendo-se o preço. Os sinais são muito mais fortes que as palavras, e não há como enganar.

Mudar o comportamento demanda:

- Mudanças na cultura.
- Mudanças no comportamento das lideranças.
- Mudanças na estrutura e nos processos.
- Eliminação do medo e incentivo à experimentação.
- Novas competências e incentivos para adquiri-las.
- Novas regras.

Para o consultor o processo significa a necessidade constante e incessante de renegociação das expectativas e ofertas de todos os envolvidos. Isso faz parte do processo andragógico, assim como a capacidade de dar e receber feedback.

A questão principal passa a ser: o que é que nós queremos mudar ou criar juntos? E a capacidade do consultor de, andragogicamente, criar as condições para essa resposta é o cerne de sua atividade na fase de execução.

Naturalmente será necessário *lidar com resistências*. Nada nem ninguém conquistam a unanimidade, até por ser esta muito perigosa. Resistências ao processo são naturais, e tratá-las faz parte das habilidades de um consultor.

Um consultor não pode esperar aprovação, suporte emocional ou afeto. Necessita tratar as questões e encaminhá-las na direção de sua solução.

Portanto, resistência por parte do cliente não é algo pessoal, e nunca será. Se você se depara com algum tipo de resistência, ela certamente estará fundamentada em alguma situação de dificuldade a que seu interlocutor tenha sido submetido, seja em razão das atividades do projeto, seja em razão de outros eventos ocorridos na empresa. As pessoas nas organizações sentem-se com frequência muito vulneráveis, e isso se manifesta por meio da resistência. Cabe ao consultor cavar até o cerne da questão. Como diz Peter Block, a "resistência ocorre quando o interlocutor não expressa diretamente a razão de seu desconforto" (BLOCK, P. *Flawless Consulting*. San Francisco: Pfeiffer, 2000). Ao expressá-lo de forma assertiva, cessa a resistência e são criadas as condições para o encaminhamento da questão.

São, portanto, necessários engenho e arte para trazer à tona as verdadeiras razões. De novo, o lastro de confiança e isenção construído na relação consultor – cliente é a base para isso. As relações dentro de uma organização não são estabelecidas por afinidade, e sim em função da estrutura de funcionamento. Assim, sua ocorrência se dá em um ambiente político; poder e influência trabalham à margem da estrutura formal, e é necessário compreender o funcionamento do fenômeno político da organização. Somente desse modo o consultor pode influir de maneira positiva nas situações de estresse, pois sabe o que "está por detrás do que se está vendo".

Nunca é demais lembrar: consultor é o profissional que pode *influenciar*, mas que não tem o poder de *executar*. Assim ele está diretamente inserido na atividade política dessa comunidade, e com essa visão é necessário saber lidar com a resistência e distingui-la rapidamente daquilo que é somente objeção ou discordância quanto a métodos e processos.

Ainda na fase de execução devemos estar preparados para *lidar com situações emergentes.* Não se pode esperar que um projeto de consultoria siga a trajetória prevista sem nenhum percalço. Precisamos lembrar de que a vida da organização continua normalmente, e, portanto, sempre surgirão urgências que afetarão o andamento das atividades do projeto.

A flexibilidade para adaptar-se com rapidez é requisito básico, e cabe ao consultor e não ao cliente ficar atento aos acontecimentos e reagir de acordo. As situações são imprevisíveis, porém o projeto deve ter folga suficiente para suportá-las.

Etapa 6: fechamento

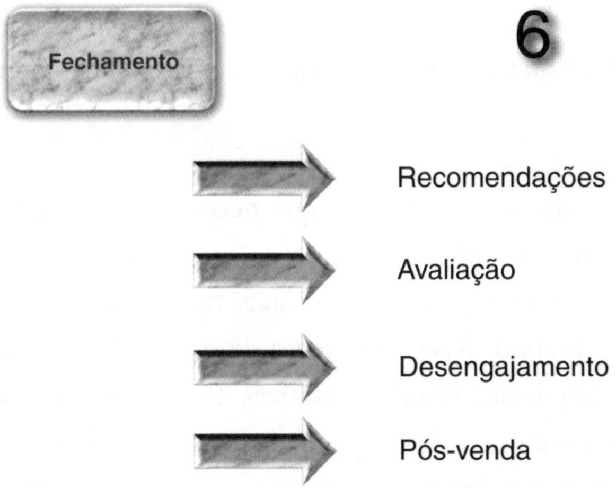

Quantos não são os projetos de consultoria que "cessam" em vez de terminar? Inúmeros... Alguém um dia lembra e pergunta: "Cadê aquele pessoal da consultoria?"

Pode parecer estranho, porém todos sabemos que isso ocorre com uma frequência irritante. O fechamento de qualquer projeto é, sem dúvida, o coroamento do trabalho de consultoria e a fase que pode assegurar as condições para que as conquistas do projeto sejam incorporadas ao cotidiano da organização.

Requer cuidado e uma passagem paulatina do papel que os consultores desempenharam durante o projeto para membros da equipe interna, que, a partir de então, se tornam os agentes da manutenção da mudança empreendida, bem como os responsáveis por sua permanência na cultura organizacional.

Pode parecer estranho que algo como *recomendações* apareça na lista de habilidades da fase de fechamento. De fato é uma habilidade importante. O cliente espera por um conjunto de recomendações, porém elas devem revestir-se de características especiais:

1. Referem-se aos temas escopo do projeto.

2. Têm como objetivo assegurar meios para a manutenção das conquistas.

3. Orientam quanto a medidas para a continuidade do processo.

Desconfie fortemente daquelas que necessitam de páginas e mais páginas. Concisão e simplicidade são requisitos básicos. Se você precisa de mais de duas páginas para registrar suas recomendações, provavelmente o projeto não acabou. Recomendações de um projeto de consultoria não são gotas de sabedoria, mas dicas práticas de como manter os mecanismos funcionando, ou alertas sobre o que pode dar errado. Têm o caráter de aplicação imediata e suficientemente simples para que possam ser entendidas por qualquer membro da organização cliente.

Faz parte da fase de fechamento de qualquer projeto a *avaliação dos resultados* obtidos e dos trabalhos realizados. Esta exige do consultor a habilidade para dar e receber feedback. Culturalmente oferecemos muita resistência a esse tipo de interação. Nossa comunicação não se destaca pela assertividade, e é normal que façamos confusão entre avaliação de uma atividade com avaliação de caráter pessoal. Preferimos dissimular com medo de ofender. Isso pode ser extremamente danoso quando necessitamos avaliar o que aconteceu: acertos e erros em um projeto. A corresponsabilização pelos resultados do trabalho contratada no início deve ser o guia inicial para essa avaliação. Nela não estaremos avaliando o desempenho de um ou outro, mas inventariando, para efeito de aprendizado mútuo, o que ocorreu de acordo com os objetivos e o que se desviou. A reunião de avaliação é uma importante ferramenta de aprendizado mútuo. Consultor e cliente têm muito a ganhar se ela for conduzida com o foco na aprendizagem.

É fundamental que a reunião de avaliação seja cuidadosamente planejada e conduzida pelo consultor, não descurando do registro detalhado de tudo o que for tratado. Assim registre os objetivos:

Ao término desse encontro teremos:

- Avaliado os resultados obtidos, cotejando-os com aqueles inicialmente propostos.
- Analisado as expectativas tanto do consultor como do contratante em relação aos papéis e à forma de condução dos trabalhos.
- Descrito e registrado os principais obstáculos encontrados durante o projeto, estabelecendo ações complementares caso se faça necessário.
- Avaliado os impactos na organização e na sua cultura.
- Analisado as recomendações da consultoria.
- Registrado as medidas de continuidade que assegurem as conquistas do projeto.

Nem sempre um projeto dá certo. Recordo-me de um episódio em uma empresa cliente com a qual mantinha uma longa relação. Em um dos projetos descurei de alguns itens importantes com relação à preparação de um trabalho de revisão de estratégias. O evento foi em um hotel, e eu estava de carona com meu contratante. Logo que terminou o trabalho e iniciamos a viagem de volta para casa, comentei que do meu ponto de vista o trabalho tinha sido malsucedido. O cliente concordou e, para minha surpresa, acrescentou: "A minha parte de culpa no processo foi..."

Ouvi, anotei o que ele disse e em seguida eu fiz o *mea culpa*. Identificamos logo de início a contribuição de cada um para o problema ocorrido. A viagem de volta tornou-se a reunião de avaliação. Chegamos até a fazer uma parada não programada para discutir como corrigir, junto ao grupamento de gerentes, os desvios que observamos. Decidimos que o primeiro passo seria um encontro com toda a equipe, contando para eles o que havíamos discutido na viagem.

A reunião com os gerentes, uma nova avaliação, revelou um número grande de variáveis que não tinham vindo à tona em nenhum momento do trabalho. Concluímos que naquelas condições não poderia mesmo dar certo. A decisão tomada por todos de envolver o presidente no trato das questões levantadas talvez tenha evitado um grande desastre. Foi como se abrisse uma caixa de pandora de onde saíram problemas e questões críticas que não estavam sendo tratadas.

A maturidade de meu cliente ao admitir sua contribuição para o problema e a firme decisão de encará-lo transformou um trabalho malsucedido em oportunidade única para a organização. Muitos projetos se seguiram àquele, a relação com a empresa perdurou ainda por anos, porém sem dúvida foi a partir daquele episódio que se obteve o resultado mais significativo.

O *desengajamento* da consultoria é na verdade um processo que começa no momento do contrato inicial. É necessário desde o princípio estabelecer as áreas e pessoas-chave que deverão comandar o processo. É preciso identificar o momento apropriado para encerrar o projeto – este não é determinado pelo cronograma, e sim pelos resultados esperados e pela percepção de que, no processo de "passagem do bastão", o ciclo está completo. Isso porque um consultor não vende produtos, mas uma relação.

No final da fase de desengajamento, deve haver ainda um período de monitoramento, espaçado, discreto, mas que permita assegurar a inclusão das conquistas do projeto no dia a dia da organização.

Finalmente o *pós-venda*! Ao contrário do que muitos possam pensar, isso não é malhação para conseguir novos contratos. Os contatos de pós-venda devem ser utilizados para acompanhamento posterior do projeto. São visitas que têm como objetivo avaliar o que ocorreu desde a saída da consultoria e a possibilidade de contribuir com alguma sugestão ou recomendação para o cliente. Com esse ato se retoma o ciclo e reativa-se o *networking*, base para todo o restante.

COM A PALAVRA AGORA QUEM COMANDA UMA EMPRESA DE CONSULTORIA

Entrevista com Timothy Altaffer (managing partner da Axialent Brasil).

Até o momento, tivemos contato com o pensamento de um consultor e também com o de alguns contratantes de consultoria. Vamos agora ver o campo de batalha de um terceiro posto de observação: o de alguém que tem como missão dirigir uma empresa de consultoria.

Autor

Você tem uma carreira de êxito, tendo atuado como executivo no comando de diversas empresas, e mais recentemente também atuou como consultor. Agora comanda uma empresa de consultoria. Imaginei que seu depoimento possa contribuir para que possamos olhar a questão de consultoria de outro ângulo.

Com essa visão privilegiada, como você definiria os principais desafios de um consultor?

Timothy

Creio que posso defini-los em três pontos:

1. *Ser capaz de influenciar fortemente. Como você bem sabe, é esperado do consultor que ele seja o promotor de grandes transformações nas organizações, porém ele não possui poder efetivo, não faz parte da estrutura. Portanto, resta-lhe apenas o poder da influência. Isso requer senioridade, equilíbrio e, sobretudo, coragem. Senioridade (experiência + conhecimento), pois essa é a ferramenta essencial para obter a aceitação por parte das pessoas envolvidas no processo. Equilíbrio, uma vez que deve lidar constantemente com situações complexas e, em geral, sob pressão. E por fim coragem, já que, em seu trabalho, nem*

sempre o consultor poderá ser agradável. Muitas vezes ele necessitará confrontar e desafiar a organização e as pessoas para que o resultado do projeto seja obtido. Um consultor não pode ser uma pessoa que mostre ao cliente sempre um mundo cor-de-rosa.

2. *Lidar com a solidão. Por mais que um consultor faça parte de uma equipe e viva rodeado de pessoas, sua atividade é muito solitária. Na hora da verdade, na ação, é o consultor que sozinho enfrenta as situações de seu trabalho, com elevado peso de responsabilidade pelo resultado. Costumo dizer que prestar consultoria não é apenas o exercício de uma atividade, mas sim uma vivência. Isso porque estamos permanentemente envolvidos com as questões da organização cliente e das pessoas que dela fazem parte. Acho difícil que um consultor no exercício de sua atividade não tenha "longas conversas com o travesseiro", buscando inspiração para resolver esse ou aquele problema surgido em meio ao projeto.*

3. *Ser capaz de aprender rapidamente. Costumo dizer para minha equipe que o consultor tem de ser como uma "esponja" – absorver com rapidez as informações e, sobretudo, processá-las. Tomemos como exemplo a necessidade que todo consultor tem de compreender a cultura de uma organização e as normas não escritas que regem as relações dentro de uma estrutura. Ninguém vai lhe dar aulas sobre isso, não existem manuais descritivos da cultura. Captar suas nuances é um processo sutil, que exige muita sensibilidade e percepção. Este é sem dúvida um grande desafio, exige muito do consultor todo o tempo.*

Autor

Ao selecionar um consultor, que outras habilidades, além daquelas que ficaram implícitas quando você falou dos desafios, você busca identificar em um candidato?

Timothy

Além das habilidades técnicas, naturalmente: inteligência social e emocional. Por todo o tempo o consultor estará lidando com pessoas. É fundamental, portanto, que ele tenha elevada capacidade de relacionamento. Saber relacionar-se não deve ser confundido com "ser simpático", mas com a capacidade de ouvir e entender o outro. E, sobretudo, a partir desse entendimento buscar os recursos capazes de promover a mudança desejada, pois como você mesmo costuma dizer: o consultor é acima de tudo um agente de mudança. Essa é sua missão, esse é seu métier, seu ofício. E para ser um agente de mudanças é necessário entender o outro, suas motivações, preocupações e objetivos, e com esse conhecimento trabalhar. Como falamos anteriormente, diante deste quadro senioridade é fundamental.

Autor

Quando um processo de consultoria dá errado?

Timothy

Creio que principalmente quando há um desvio de expectativas. Muitas vezes espera-se mais do trabalho de um consultor do que efetivamente é possível produzir. Todo trabalho de consultoria é uma obra a quatro mãos; tem sem dúvida a decisiva contribuição do consultor, porém a efetivação da mudança dependerá sempre do grau de envolvimento da empresa cliente e das pessoas afetadas pelo projeto. O consultor sozinho não pode promover a mudança. É necessário o completo envolvimento do cliente com a mudança. Isso implica desde a existência de um forte "patrocinador" do processo até um processo complexo e constante de comunicação em todos os segmentos da organização.

Autor

Quando um processo de consultoria dá certo?

Timothy

Por diversas razões, mas vamos destacar algumas apenas. A primeira talvez seja a identificação do consultor com a empresa cliente e com as pessoas. Percebe-se que isso ocorre quando o consultor parece fazer parte da organização, quando as pessoas não o veem como um agente externo, mas com membro da comunidade. Esse é para mim um fator crítico de sucesso: identificação. Há muito de emocional nisso. Sem essa identificação o processo de mudança pode se transformar em uma repetição burocrática de técnicas e métodos que não levam a resultados permanentes.

Outro fator que considero chave para o sucesso de uma consultoria é um acurado e minucioso diagnóstico da situação. Pode-se fazer uma cirurgia perfeita no rim errado, mas isso não é só um simples erro, é um desastre total.

Ainda destaco como fator crítico de sucesso um quesito: energia! Ele não deve estar presente apenas nos momentos chave do processo, mas todo o tempo. O consultor é o responsável pela manutenção do alto nível de energia, e sem ela não haverá mudanças.

Autor

Timothy, uma palavra aos clientes?

Timothy

Critério na escolha, desconfie de promessas mirabolantes e de verdades prontas. É impossível haver um padrão no qual todas as empresas e pessoas se encaixam. Como diz o dito popular: cada caso é um caso. O consultor deve dar a você, cliente, a sensação exata da especificidade da aplicação de seu método, adaptado às suas necessidades e características. Caso contrário, é quase certo que perderá dinheiro, energia e tempo, e o resultado final será a frustração.

Autor

Uma palavra aos consultores?

Timothy

Ética. Sigilo absoluto no trato dos conhecimentos que se adquire. Pela natureza do trabalho, é inevitável que o consultor mergulhe fundo nos "armários" trancados, e isso é como um segredo de confessionário.

Energia. Força para conduzir a mudança, habilidade na prática da política positiva como forma de obtenção da colaboração e do envolvimento.

Integridade traduzida como a coragem para recusar trabalhos em desalinho com seus valores e com seu modo de ser. É muito difícil dizer não, porém muitas vezes o melhor processo de consultoria é aquele que não se faz.

Autor

Timothy, obrigado. Tenho certeza de que você contribuiu de maneira decisiva para destacar aspectos importantes do trabalho de consultoria.

Timothy

Foi um prazer, espero de fato ter contribuído de alguma forma. A profissão de consultor, embora ainda não regulamentada (existem movimentos para que isso ocorra), é um fator decisivo para o progresso de nosso país e uma forma efetiva de não se perder uma enorme quantidade de experiência e conhecimento existentes hoje no mercado de trabalho.

Timothy Altaffer é economista, managing partner da Axialent Brasil e professor do INSPER na área de Marketing. Ocupou diversos cargos executivos com destaque para: gerente geral da Ducoco Alimentos, gerente geral da Unidade de Negócios Novartis Medical Nutrition, presidente da Bacardi Martini do Brasil e gerente geral da Budweiser Brasil.

INICIANDO A CARREIRA

Bom, vimos um monte de coisas, propostas, preços, habilidades, mas fica a pergunta: como começar? É uma nova vida e, como toda carreira, tem de ser planejada.

Se você ainda está trabalhando como executivo e coloca a opção de carreira como consultor um pouco mais à frente no tempo, é hora de iniciar seu marketing. Relembrando a primeira página: *sua empregabilidade reside no fato de você ser referência em alguma área do conhecimento para um número significativo (mas não necessariamente influente) de pessoas.*

Assim, o começo se dá pela escolha do ramo do conhecimento – sua marca registrada – e as ações consequentes para divulgá-lo, tanto no seu círculo próximo de relações quanto em fóruns públicos. A produção de textos, livros e artigos sobre o assunto de sua especialidade fará com que você consiga com antecedência estabelecer seu "posicionamento de mercado". A dica é começar pelo menos dois anos antes do início de sua nova carreira. É um tempo de preparação suficiente para essas tarefas. É durante esse período também que todo o planejamento e montagem de sua empresa deverá ocorrer. Um alerta: mesmo que você considere que sua visibilidade no mercado seja alta, que seu marketing foi bem feito, que você é efetivamente reconhecido como um expert em determinada especialidade, ainda assim iniciar a carreira de consultor em voo solo é muito difícil. Como diz o ditado, é como assobiar e chupar cana ao mesmo tempo. Você tem de vender, entregar, divulgar, produzir! É uma verdadeira loucura!

Formar parcerias é uma saída. Podem ser orientadas para uma complementação comercial ou para uma complementação técnica. A formação de grupos de consultores com diversas especialidades também pode ser uma saída. Neste caso, a formação de uma sociedade pode acarretar redução de custos e tributos. Os custos fixos podem ser divididos, e cada consultor ao executar serviços junto ao cliente é responsável pelos impostos que recaem sobre as notas fiscais emitidas. Assim evita-se a bitributação que ocorre quando a empresa é formada no conceito de sócios proprietários e consultores associados. A empresa fecha o contrato com o cliente e emite para isso uma nota fiscal. Para pagar o consultor, este deve emitir uma nota fiscal referente à sua participação no projeto, e então novamente incidirão os mesmos impostos.

Quando o regime é de associação, é prática de mercado (valores médios) destinar 35% da receita bruta do projeto para a execução. Assim, se você é o único executante daquele projeto, receberá 35% da receita bruta, que corresponde aproximadamente a 50% do valor líquido. Esse percentual (ressaltando que é uma média do que o mercado pratica) não é aleatório. A parte que fica com a empresa de consultoria deve cobrir os custos fixos de instalações, o marketing e a remuneração da marca.

Sem dúvida, o consultor iniciante, ao optar por ser consultor associado, paga um "pedágio", porém isso pode compensar a inexperiência e propiciar uma entrada gradual no mercado para quem não tem a habilidade de vendas adequada à formação de uma carteira própria. Convém ressalvar que as empresas de consultoria também têm a questão "vendas" como ponto central. Por isso, darão preferência a atrair consultores que possam contribuir nessa área, e não somente na execução.

Algumas consultorias podem exigir de seus consultores um regime de exclusividade. Neste caso não deixe de verificar a existência de um mecanismo de compensação para isso. A relação de exclusividade sem a devida compensação torna-se muito assimétrica e, portanto, com forte tendência a deteriorar a relação consultor-empresa rapidamente.

Hoje, com a demanda de serviços de consultoria em ascensão, é necessário, caso você pretenda iniciar a carreira como consultor associado, escolher cuidadosamente a empresa com a qual vai trabalhar. As grandes consultorias possuem formas próprias de contratação de seu quadro de consultores, muitas vezes determinando para eles remuneração fixa e até contratos de trabalho como empregados. Já as demais variam na forma e também nos valores pagos por trabalho. Algumas fixam valores em horas, outras aderem ao regime de 35% da receita;

algumas remuneram a venda e o gerenciamento do projeto, outras não. Em resumo: oriente-se antes de tomar qualquer decisão. Analise com cuidado todos os aspectos do regime de trabalho e busque informações detalhadas sobre a organização.

Caso você decida formar uma sociedade com um grupo de companheiros, deve também ter muitas precauções. A escolha dos parceiros deve ser pautada pela identidade de valores e propósitos, e todas as condições contratuais devem ser discutidas longamente e registradas para posterior referência. Pode parecer excesso de zelo, mas inúmeras empresas de consultoria terminam por pequenas diferenças entre os componentes do grupo, perfeitamente evitáveis se regidas por um acordo inicial cuidadoso.

A ÚLTIMA PALAVRA... É DO CLIENTE

Foi com um misto de surpresa, satisfação e (confesso) vaidade que recebi o honroso convite do autor deste livro para escrever uma seção que – supõe-se – descreva a visão do cliente de consultoria. Credito tal incumbência menos à minha eventual experiência como usuário e/ou cliente de consultorias, certamente não a qualquer diferencial que possa ter desenvolvido em minha carreira como executivo, e mais, muito mais, à generosidade do autor.

A primeira imagem que me veio ao me recuperar do choque gerado pela solicitação foi a conversa que tive em "priscas eras" com meu então chefe na época em que minha cabeleira (faz tempo!) era inversamente proporcional à minha experiência. Ele havia reunido seus subordinados para comunicar que a empresa havia decidido contratar uma consultoria – daquelas "famosas" – para fazer uma análise de processos na organização, e dizer da importância dessa atividade e da necessidade de todos nós colaborarmos para sua realização. Logo em seguida tive que "despachar" com ele, e ao final o assunto da consultoria voltou, quando, impávido, ele disse: “Consultor é aquele ‘cara’ que você contrata quando quer saber as horas; aí ele pede o seu relógio emprestado, faz um relatório bonito, diz a hora errada, apresenta uma conta absurda e às vezes devolve o relógio.”

O amadurecimento profissional, incluindo sucessivas experiências, algumas excelentes e outras trágicas, com diferentes consultorias permitiu-me entender melhor o papel do consultor e as expectativas dos clientes. Minhas percepções baseiam-se tanto nessas experiências das quais fiz parte quanto naquelas em que fui espectador, bem como em relatos e comentários de executivos e dirigentes quer das empresas onde trabalhei, quer de outras organizações – incluindo consultorias – com quem convivi profissionalmente (o *networking*, já mencionado anteriormente neste livro). É impossível citá-los ou dar o crédito devido a cada um, mas sou grato a todos; sendo minhas tais percepções, sou o único responsável, para não dizer culpado, por elas.

Este capítulo se propõe responder:

- Quem é o cliente?
- Por que o cliente “procura” a consultoria?
- O que o cliente enxerga na consultoria?
- Que critérios são usados pelo cliente para escolher a consultoria?
- Quais são as expectativas do cliente quanto aos resultados[8] da consultoria?
- E o relógio, que fim levou?

Seria pretensão descabida imaginar a possibilidade de responder a tais perguntas de forma absoluta, prescritiva. Temos que enxergar as respostas

[8] No sentido de *deliverables*, o que a consultoria entrega ao cliente.

nos matizes do cinza, nunca "preto no branco". As categorizações feitas são simplificações didáticas de atributos muito mais amplos e complexos. Quase certamente o leitor associará uma ou outra categorização a situações já vistas ou vividas, mas deve sempre lembrar que as pessoas e sua interação com os ambientes nas organizações são singulares.

1. Quem é o cliente?

"O cliente é quem me paga." Será?

O cliente, neste contexto, *não* é a empresa contra a qual é emitida uma fatura. Cliente, aqui, é a pessoa que na empresa negocia, conversa com a consultoria antes de contratar o trabalho. É quem explica o que quer (às vezes junto ou por meio de um subordinado), a pessoa realmente interessada em resolver "o problema"; enfim, é o dono do problema.

Deve ser mencionado que o cliente não necessariamente é o dono ou o principal executivo da empresa. Por vezes, o cliente é o executivo responsável por uma área funcional ou unidade de negócios da empresa.

Quem formaliza a contratação do trabalho não é sempre o cliente. Nesses casos, a aprovação de fato da contratação é feita pelo cliente, que formalmente a submete ao seu chefe, a alguém de hierarquia mais alta ou a um colegiado (de mesmo nível hierárquico ou maior). Se em algumas empresas essa formalização faz parte dos rituais da organização, em outras há efetivamente um crivo.

Neste último caso, o real cliente necessariamente terá que vender internamente o trabalho de consultoria. Se essa venda for mal feita, mesmo que aprovada a contratação a consequência mais provável é a animosidade do grupo, e de seus subordinados, para a consecução do trabalho, o que pode – e provavelmente irá – resultar em resultados pobres. A participação da consultoria nessa venda interna é fundamental, seja "dando a cara pra bater" no nível de aprovação, seja municiando o real cliente de forma adequada.

Somente o real cliente, em cada caso específico, pode definir, com a cumplicidade da consultoria por ele escolhida, a melhor forma de agir.[9]

Tais situações ocorrem ainda que em estruturas aparentemente com hierarquias tênues, identificáveis muitas vezes por títulos de funções menos "duros": líder, especialista, consultor interno etc. O mesmo ocorre em estruturas matriciais, quer pela prevalência de um dos "eixos", quer pela capacidade de articulação de alguns ou muitos "atores",[10] e especificamente do cliente.

Há ainda uma situação peculiar, que na falta de melhor denominação chamaremos de o cliente difuso.

A globalização[11] tem resultado em diretrizes, processos e produtos cada vez mais uniformes – ou melhor, uniformizados – nas operações locais das multinacionais (MNCs).[12] Da mesma maneira, grandes corporações nacionais têm seguido nesse caminho de uniformização, lembrando que corporações nacionais também podem ser MNCs ao ter operações em outros países.

Uma situação decorrente é a orientação ou determinação emanada da matriz, corporação, escritório central etc. de "atacar" determinados processos (principalmente estes, mas não exclusivamente) pela sua análise, benchmarking, redução dos custos associados etc.

O uso de consultoria para atender esse tipo de demanda é recorrente. Muitas vezes, ocorre a contratação de uma única consultoria para toda a organização, globalmente. Outras vezes, as operações locais subsidiárias podem escolher entre um grupo prévia e centralmente definido de consultorias com operações globais (os *prefered suppliers*), levando em conta as características, especificidade e capabilidade das operações locais de cada uma

---

[9] As empresas têm – e precisam – de seus "Cardeais de Richelieu", conforme citado pelo autor.
[10] Má tradução para o conceito de *players*! Fica na falta de outra melhor.
[11] Discussões quanto à eficácia, às implicações e consequências da assim chamada "globalização" fogem ao escopo deste texto.
[12] Multi National Corporations.

das consultorias desse grupo. Em alguns (poucos) casos, cada operação ou subsidiária pode escolher a consultoria segundo seus próprios critérios.

Em qualquer das três situações mencionadas, há uma natural resistência da operação local e/ou subsidiária para a realização dos trabalhos da consultoria, que pode ser minimizada pelo surgimento de um "campeão" do processo de consultoria. Esse campeão terá que desenvolver um esforço adicional de venda interna para tanto.

A figura do campeão não deve ser confundida com a do cliente. Enquanto este é o dono do problema, aquele é o representante local do cliente.

No caso de trabalhos realizados globalmente por uma única consultoria, a comunicação entre os níveis mais altos da empresa cliente (ou seja, o real cliente) com aqueles da consultoria é campo fértil para ruídos, começando pelos reais objetivos do trabalho.

A existência de uma definição centralizada – total ou parcialmente – como acima não necessariamente elimina a "Eu S.A.", antes mencionada, de prestar serviços. O cliente pode necessitar do atendimento de aspectos consequentes e/ou subsequentes ao trabalho original, ou de aspectos identificados, mas não suficientemente abordados.

Uma área ainda pouco explorada é a consultoria para ONGs (organizações não governamentais), o denominado terceiro setor.[13] A demanda por trabalhos de consultoria em ONGs deverá aumentar com a paulatina profissionalização de suas gestões e o efeito espelho daquelas que já o fizeram.

2. Por que o cliente "procura" a consultoria?

Este item complementa o capítulo "Por que empresas contratam consultoria?", focalizando agora no cliente como conceituado na seção anterior.

---

[13] Foge ao escopo deste texto discutir serviços de consultoria a órgãos públicos, um "animal" completamente diferente.

A regra geral é: o cliente procura a consultoria porque está "doendo". Algumas vezes, para fazer um check-up.[14]

O leitor provavelmente agora estará confuso. E como ficam as discussões apresentadas anteriormente neste livro, sobre a venda, a abordagem ao cliente? O cliente procura a consultoria? Não é a consultoria que procura o cliente?

O comportamento do cliente pode ser, de modo simplificado, comparado ao indivíduo – a grande maioria de nós – que vai ao médico porque está com dor, mal-estar ou desconforto. Ele procura um gastroenterologista se está com dor na barriga, um ortopedista se tem dor nas juntas, e assim por diante. Da mesma forma que procuramos nos consultar com o(s) melhor(es) médico(s) em cada especialidade, o cliente procura consultorias que sejam referência em alguma área do conhecimento para um número significativo, mas não necessariamente influente, de pessoas. Uma clara paráfrase ao apresentado na abertura deste livro.

Não é raro o cliente não ter claro que deve procurar uma consultoria, assim como muitas vezes ficamos indispostos por longo tempo até que um amigo, um familiar ou mesmo um colega nos descreva uma situação que ele presenciou ou viveu que nos dispara o gatilho: "Preciso ir ao urologista!"

Do mesmo modo, necessidades latentes de consultoria podem ser despertadas em conversas dentro e fora da empresa (experiências contadas por membros do *network*), seminários externos, leituras – enfim, o ambiente do potencial cliente.

O acima descrito não elimina a identificação de moto próprio pelo cliente da necessidade de consultoria para resolver um problema identificado ou uma situação problemática – enfatize-se o resolver, e mais adiante veremos a razão.

A motivação para procurar consultoria pode envolver:

---

[14] Excetua-se a situação do *cliente difuso*, descrita.

a) O reconhecimento de que não há expertise interna para resolver o problema.

b) O reconhecimento de que não há expertise interna para identificar as causas do problema.

c) Que, embora haja expertise interna, seja para resolver o problema ou identificar suas causas, ou ambos, não é possível alocar recursos (tempo, gente).

d) A necessidade de corroborar o "sentimento"[15] sobre uma determinada situação problemática; ou ainda a necessidade de quantificar o "sentimento" sobre uma determinada situação.

e) A incerteza quanto aos próximos passos da organização.

E, claro, aquela velha conhecida motivação:

f) *To cover the own ass.*[16]

Vamos periodicamente ao cardiologista, urologista ou ginecologista, mesmo que não estejamos com dor; em verdade, vamos para saber como estamos, o que precisamos fazer – embora usualmente ignoremos as recomendações para fazer mais exercícios, comer mais sensatamente, relaxar nos fins de semana etc.

O desconforto que nos leva é o: "Está tudo bem mesmo? Estou no caminho certo? Será que vou ter um piripaque inesperado? Sou uma bomba-relógio prestes a enfartar?"

---

[15] *Feeling.*

[16] Literalmente: *proteger o próprio traseiro.*

Do mesmo modo, muitas vezes o cliente se pergunta: "Nossa organização está no caminho certo? O que não estamos percebendo? Como estamos em relação ao mercado? Está indo tudo bem, mas... para onde devemos ir? Estamos no mercado mais adequado? Nossas políticas de RH fazem sentido?"

Esse desconforto está visivelmente associado à motivação do tipo (*e*) apresentada anteriormente, gerando trabalhos de consultoria chamados de planejamento estratégico, embora muitas vezes sejam efetivamente trabalhos de revisão de operações.

Um comentário quanto à motivação (*f*) apresentada anteriormente: todas as vezes que vi ou tomei conhecimento de trabalhos de consultoria feitos para atender tal motivação, ambos – cliente e consultor – *ended with their asses totally exposed*. Normalmente o consultor primeiro, o cliente algum tempo depois...

3. O que o cliente enxerga na consultoria?

Curto e direto: o solucionador do problema.

Não é raro que aquilo que o cliente vê como problema na verdade seja um sintoma – de novo, a analogia médica. Isso já foi descrito anteriormente neste livro (veja Anamnese, na seção "Propostas") e também será abordado mais à frente.

O grau de certeza do cliente quanto a qual é o problema tende a ser maior antes do que após a anamnese (o que também será discutido adiante) e isso ocorre com a grande maioria dos clientes, embora o grau inicial de certeza seja menor entre aqueles mais afeitos à utilização de serviços de consultoria.

Ao definir inicialmente qual é o problema a ser resolvido, o cliente tende a enquadrar o tipo de consultoria que acredita ser mais adequada à resolução numa das categorias do Quadro 1, a seguir. Enfatize-se que esses tipos de consultoria *não* são efetivamente tipos de serviços prestados por consultorias, mas *sim* parte de um modelo mental dos clientes na fase inicial de considerar, de "assuntar" a utilização de uma consultoria externa.[17]

TIPOS DE CONSULTORIA
VISÃO INICIAL DO CLIENTE

A. OPERACIONAL
B. AVALIATIVA
C. DIAGNÓSTICA
D. DIAGNÓSTICA CORRETIVA
E. CORRETIVA
F. ORGANIZACIONAL
    A. MUDAR A CULTURA
    B. CRIAR ESPÍRITO DE EQUIPE
G. PARA ONDE EU VOU?

Vamos agora explicitar o significado de cada um desses tipos de consultoria na visão inicial do cliente, e para tal usaremos principalmente exemplos:

a) Operacional: o cliente quer, por exemplo, implementar um sistema de nota fiscal eletrônica em sua empresa ou treinar seus funcionários no uso do Excel ou ainda definir parâmetros estatísticos de qualidade (ações pontuais e autocontidas).

[17] Deve-se ter sempre em mente que as afirmações deste parágrafo – e as posteriores delas decorrentes – expressam a percepção do autor deste capítulo, conforme já descrito.

b) Avaliativa: o cliente quer conhecer o potencial dos atuais funcionários operacionais de uma determinada área funcional (RH, IT, Controladoria etc.) da empresa para assumir posições de baixa e/ ou média gerência. O problema a ser resolvido, na visão do cliente, é o desconhecimento desses potenciais e como ter um plano de sucessão, embora este último não esteja sendo considerado parte do trabalho de consultoria.

c) Diagnóstica: o cliente quer saber por que o custo de vendas na filial Rio é significativamente maior do que aquele de qualquer outra filial, que apresentam custos de vendas similares entre si; sabendo as razões, o cliente pretende tomar as ações corretivas que julgar adequadas.

d) Diagnóstica corretiva: o mesmo cliente quer saber por que o custo da filial Rio é maior e quer recomendações de quais ações deve tomar e como devem ser implementadas.

e) Corretiva:[18] o cliente acredita já saber as razões do custo maior de vendas da filial Rio, que atribui a uma equipe de vendas com idades variando de 50 a 72 anos e na qual o vendedor com menor tempo de casa está na empresa há 32 anos. Quer saber o que fazer; por exemplo, se:

---

[18] Outro exemplo é a contratação de coaching pela empresa para um (ou mais) de seus executivos. O cliente acredita que identificou o problema em alguma característica que atribui a esse profissional – irascibilidade, dificuldade em trabalhar em grupo, necessidade de maior comprometimento, leniência com baixo desempenho de subordinados, e assim por diante, ou ainda preparação para aposentadoria etc. Na conceituação do Grupo de Excelência em Coaching do Conselho Regional de Administração de São Paulo, "coaching é uma atividade profissional que se dá num processo confidencial, estabelecido em uma relação de parceria entre coach e cliente, visando o desenvolvimento pessoal e profissional, apoiando e instigando, com o objetivo de atingir resultados previamente estabelecidos". Nesta conceituação, o cliente é o coachee, aquele que interage com o coach, e não o cliente no conceito deste texto.

- Deve trocar toda a equipe simultaneamente, arriscando-se a perder a experiência acumulada, gerando mal-estar em toda a organização pela imagem de discriminação por idade e ainda podendo prejudicar a imagem externa da empresa. Quem seleciona ou contrata? Qual é o cronograma?
- Deve paulatinamente ir substituindo a equipe, correndo o risco de criar ansiedade nos remanescentes e animosidade com os entrantes. Quem seleciona ou contrata? Qual é o cronograma?
- Deve substituir o gerente.
- Deve mudar a forma de remuneração.
- Deve fazer um programa de motivação para "ligar os caras".
- Deve fazer uma combinação de duas ou mais das possibilidades anteriores.

f) Organizacional: o cliente acredita já ter identificado que o problema é a cultura da empresa (ou muito leniente com fracassos, ou sem comprometimento, quer com compromissos, quer com resultado etc.) e espera que a consultoria proponha e desenvolva um programa que mude essa cultura ou crie espírito de equipe. Algumas vezes o cliente acredita, nesta fase, que seminários e treinamentos farão as mudanças, mas na maioria dos casos entende a necessidade de mudanças mais profundas (compensação – remuneração fixa e variável e benefícios, condições físicas de trabalho etc.);

g) "Para onde eu vou?": o cliente vê a organização indo bem, mas enxerga nebulosamente ameaças no futuro e quer saber o que fazer, que caminhos tomar. Necessita identificar as ameaças – concorrência, medidas regulatórias, tendências dos clientes e mercados – e eventuais oportunidades geradas pelos mesmos fatores. É o *planejamento estratégico*, como já mencionamos.

Evidentemente essa lista não pode ser nem exaustiva nem prescritiva, ainda mais considerando que representa a percepção do autor deste capítulo sobre a visão inicial de terceiros – e dele também. Além disso, a maturidade profissional do cliente, seu nível de responsabilidade na organização e sua exposição anterior a trabalhos de consultoria são alguns dos fatores que podem alterar significativamente essa separação em tipos.

Note-se que *não há* entre os tipos listados menção a um "corroborativo" no que tange ao item motivação. De forma geral, quaisquer dos tipos percebidos prestam-se a atender a motivação corroborativa, com exceção de algumas situações associadas ao tipo operacional.

A interação com a consultoria ou consultorias na etapa de aproximação e entrevista inicial (a primeira das seis etapas de um projeto) modifica o tipo ao qual o cliente está inicialmente atribuído, como veremos no item seguinte.

4. Que critérios são usados pelo cliente para escolher a consultoria?

Este item aborda a fase em que o cliente já internalizou o desejo ou a necessidade de contratar uma consultoria e está agora conversando com várias consultorias para contratar uma delas.[19]

Como já dito: *o consultor não vende processos, projetos ou produtos: ele vende confiança. Seu principal mecanismo de venda é a indicação.*

A primeira frase é de uma força imensa. *Confiança de que o problema será resolvido.*

O cliente não está interessado na metodologia a ser utilizada; ele quer apenas entendê-la o suficiente para se convencer de que ela irá funcionar

---

[19] Excluem-se as situações descritas associadas ao *cliente difuso.*

– podemos dizer que quer entendê-la até o ponto de passar a *confiar* nessa metodologia quando aplicada na situação específica.

O cliente não quer um projeto – quer uma solução. Ele aceita trabalhar segundo os conceitos de projeto (líder, *owner*, facilitador, fases, cronograma, reuniões intermediárias, caminho(s) crítico(s), acompanhamento dos custos do próprio projeto etc.) quando acredita que dessa maneira os resultados – essencialmente a solução do problema – serão alcançados. É um reforço à *confiança*.

Além disso, ao participar do projeto, o cliente espera não ser o executor, mas tenta não perder o *controle* do trabalho de consultoria.

O cliente não quer produtos desenvolvidos pela consultoria. Sempre desconfia de que irá receber um "tamanho único", algo que não reconhecerá as especificidades de sua situação. O cliente tende a acreditar que sua situação pode ser parecida com outras, em diferentes organizações, mas tem peculiaridades que a tornam única.

Se o cliente tomou conhecimento de uma consultoria por meio de artigos na imprensa, seminários, eventos e encontros em Câmara de Comércio e situações análogas e com isso simpatizou com essa consultoria, possivelmente não a contatará sem antes tomar a iniciativa de obter referências sobre seu trabalho, como descrito a seguir.

A segunda frase (*seu principal mecanismo de venda é a indicação*) é um corolário da primeira.

O termo *indicação* não tem aqui a conotação pejorativa de compadrio, de pistolão, de troca de favores. Significa endosso, referência, experiência positiva vivenciada, vindas de um ou mais participantes do *network* profissional do cliente.

Não é raro que essa "troca de figurinhas" assuma a forma de ligações telefônicas do tipo: "Fulano, soube que você usou a consultoria XYZ em sua empresa. Como foi? Para o que vocês contrataram a ZYZ? Funcionou? Estou precisando de uma consultoria para tal coisa, o que acha da XYZ para isso?", e assim por diante.[20]

---

[20] Na vivência do autor deste capítulo, informações sobre preços *não* são abordadas no *network*.

Há também a situação em que uma consultoria entre em contato com um executivo dizendo: "Estou lhe contatando por sugestão do Fulano (que faz parte do *networking* do executivo) que lhe apresentássemos nossa consultoria." O executivo receberá a consultoria e, dependendo da confiança preliminar despertada nesse contato, poderá colocá-la na lista para eventuais futuras negociações.

Essas situações são condições necessárias, mas não suficientes para obter a confiança do cliente naquela consultoria.

O elemento essencial para que o cliente se sinta confiante em entregar o trabalho a uma determinada consultoria é o "olho no olho".

A etapa da anamnese é fulcral. É nela que o cliente irá muito provavelmente alterar sua visão inicial quanto aos tipos de consultoria (item anterior) e, em boa parte das vezes, alterar a definição do problema – a já abordada dualidade sintoma *versus* problema.

Este "escrevinhador" vivenciou uma situação em que, como cliente, decidiu entregar certo trabalho a uma determinada consultoria já na entrevista inicial (embora tenha seguido os rituais subsequentes de concorrência e análise), pelas *perguntas* feitas pelos consultores.

A sequência das perguntas, sua lógica e clareza, demonstraram – antes mesmo do recebimento da proposta – que *aquela* consultoria sabia o que estava fazendo. Mais ainda, ainda nessa etapa inicial as perguntas alteraram minha percepção quanto a qual era o real problema.

Como já discutido: *qualquer processo de venda bem-sucedido é aquele capaz de transformar uma necessidade implícita em explícita.*

Nessa fase, um aspecto ao qual o cliente dá especial atenção e é recorrente nos contatos no *network* é a possibilidade de que os consultores que participam das etapas iniciais do processo de consultoria *não* sejam os mesmos que efetivamente realizarão o trabalho, as etapas seguintes, reaparecendo apenas na última (o fechamento).

Essa situação – infelizmente frequente – pode ser sumariamente descrita como:

- Nas etapas iniciais os consultores têm senioridade, demonstram ser experientes, têm poder de decisão.
- Nas etapas de diagnóstico e de execução, quando há a necessidade de levantamento de dados, contato com diferentes níveis e áreas da organização, conversas com o cliente etc., surge um grupo de consultores com menor experiência (por vezes muito menor), que com frequência são pejorativamente chamados de "um bando de estagiários". Não poucas vezes, a atuação desses consultores gera irritação e animosidade por parte das pessoas da organização que direta ou indiretamente são contatadas pela equipe de consultores nas entrevistas e levantamentos de informações e dados.
- Na etapa de fechamento, ressurgem os consultores de maior senioridade, usando as conclusões e relatórios da equipe que "pôs a mão na massa", e não raro não tendo conhecimento dos meandros do trabalho, que podem ser extremamente relevantes para a efetiva completude e inteireza das conclusões do trabalho.

Efetivamente há trabalhos que demandam o envolvimento de uma equipe de consultores menos experientes em uma ou mais de suas fases, não havendo o menor sentido em utilizar consultores de maior senioridade para sua consecução. No entanto, o que decepciona (e irrita) o cliente é que isto não seja claramente informado na fase de negociação e proposta, e/ou que um consultor, ou consultores, de maior senioridade e que participou das etapas iniciais não acompanhe de perto a atuação dos mais juniores; é importante não só esse acompanhamento, mas também que o cliente tenha a *percepção* de que ele está sendo feito.

A esta altura, o leitor está perguntando: e o *preço*? Não é critério de escolha?

Certamente é, mas é possível dizer-se ser um dos de menor peso – se não *o* de menor peso.

As análises de *make or buy* também são feitas para serviços de consultoria, quando pertinentes. Consultorias de natureza mais operacional são mais propensas a tal análise.

Por exemplo, essa análise é possível na situação de implementação de nota fiscal eletrônica, já mencionada, desde que consideradas e quantificadas a disponibilidade de expertise (alternativa: contrato como empregado um "cara" que entenda) e transitoriedade – após a implementação haverá disponibilidade de recursos (alternativa: "mando o Joãozinho da contabilidade fazer um curso, entender, e depois ele volta para o que estava fazendo").

Mesmo nesses casos os intangíveis ("não temos tempo para nos preocupar com isso") têm peso importante, e somente quando há diferenças muito grandes a favor de "fazer em casa" essa alternativa é efetivamente adotada.

Em alguns casos é possível e conveniente usar o *potencial de retorno*. Um exemplo do uso do potencial de retorno é um caso real a que o autor deste capítulo teve acesso. Ele adicionalmente permite ver algumas situações abordadas em itens anteriores e está resumido de forma "teatralizada" a seguir:

O dono de certa empresa tinha a impressão de que o custo de transporte de seus produtos até os clientes era excessivo; a natureza do produto não permitia que o transporte fosse feito por terceiros (ou seja, por uma transportadora). O dono não via em sua empresa nenhum empregado, gerente ou não, que tivesse simultaneamente expertise e isenção suficientes para conduzir a análise.

Uma consultoria, depois da aproximação e entrevista inicial, apresentou proposta de US$80 mil, de pronto recusada pelo cliente (o dono da empresa) por considerá-la "absurda".

Outra consultoria foi posteriormente contatada e, depois da aproximação e entrevista inicial, propôs US$150 mil, colocando duas informações no miolo da proposta: "Considerando as informações recebidas em nossa entrevista, de que há aproximadamente *tantos* caminhões em seu departamento de transportes, e assumindo que cada caminhão percorra *tantos* quilômetros por dia, *tantos* dias por ano, estimamos que o custo somente com combustível totaliza aproximadamente US$1 milhão por ano. Os valores de quilometragem diária, dias de operação, bem como os custos de manutenção e reparos, reposição, imobilização, mão de obra e das rotas seguidas, serão levantados na fase de diagnóstico de novos serviços."

O cliente aceitou esta proposta, dizendo: "Se eu conseguir uma redução de 10% *só no combustível*, em menos de *dois anos* já recuperei o que vou gastar com a consultoria" (o leitor deve ouvir esta frase com as partes grifadas com a voz do cliente se elevando...).

O leitor deve estar perguntando: "Mas, se o cliente tivesse escolhido a primeira consultoria, o retorno potencial só no combustível seria o dobro!"

Essa afirmação é matematicamente correta – mas o cliente sentiu mais *confiança* na segunda consultoria, que demonstrou melhor entendimento das necessidades do cliente, graças a uma anamnese mais bem feita.

Há casos em que quantificações são de confiabilidade muito precária ou mesmo impossíveis. Nessa categoria temos as situações que tendem a ser de natureza mais organizacional.

Nesses casos, um critério frequentemente usado pelo cliente para analisar o preço de um trabalho de consultoria é o número de vezes que o preço apresentado é maior que o custo mensal de seu subordinado mais importante.

O custo mensal inclui salário, encargos (inclusive de eventual futuro desligamento), bônus e benefícios. O subordinado mais importante é aquele de difícil definição, mas facilmente reconhecível pelos membros da organização; alguns indicadores desse status são: é aquele que substitui o cliente nas férias deste, que participa das reuniões dos pares do cliente com o chefe deles quando o cliente não pode, que comparado aos demais subordinados do cliente tem acesso mais fácil ao próprio cliente *e* ao chefe do cliente, e assim por diante.

Não há um múltiplo de corte acima do qual o preço seja considerado excessivamente alto. Depende da premência, do impacto, da complexidade do trabalho e das consequências potenciais desse trabalho.

Na percepção deste "escrevinhador", múltiplos até 12 – ou seja, o preço da consultoria é 12 vezes o custo mensal do subordinado mais importante não assustam o cliente.[21]

O raciocínio por trás da adoção desse parâmetro pelo cliente pode ser sintetizado pela consideração de alguns fatores:[22]

- Não vale a pena contratar alguém que levará seis meses para entender o problema e então começar a tentar resolvê-lo – e levará mais seis meses para resolvê-lo.
- Precisaríamos de um *animal muito especial*, com diversas competências (que podem ser díspares) para realizar esse trabalho; como encontrá-lo, conseguir contratar etc. é mais um problema.
- Os dois fatores acima jogariam a solução do problema muito para a frente – não temos esse tempo, não queremos conviver com ele por um período tão longo.
- Esse alguém pode ser cooptado pela organização, passando a fazer parte do problema.
- Esse alguém pode ser levado a querer manter o emprego, esticando o trabalho e/ou criando a necessidade de abordar outros.[23]

Preços muito baixos assustam o cliente mais do que preços altos. O cliente não terá confiança na consultoria que oferece um preço baixinho. Poderá não contratar aquela que apresenta um preço muito alto – talvez

---

[21] Este número é o que em inglês se denomina uma *rule of thumb*, uma quantificação feita empiricamente e/ou por "sentimento" (*feeling*).

[22] Veja também a seção "Por que empresas contratam consultoria?".

[23] Situação similar a essa será abordada em maior profundidade adiante.

até mesmo com certo desconforto por não *poder* contratá-la. Novamente, o fator confiança toma precedência.

Preços sacrificados para "pôr o pé nesse cliente" podem ser contraproducentes. Como em qualquer negociação, levantar os preços em tratativas subsequentes pode ser extremamente difícil – o cliente tem memória! Mais ainda, como na mesma empresa pode-se se ter diferentes potenciais clientes em momentos distintos, a memória de um cliente passa para outro da mesma organização.

Reitera-se que, na vivência do autor deste capítulo, informações sobre preços não são trocadas no *network*.

Consultorias não têm clientes cativos. Um trabalho bem-sucedido de uma determinada consultoria leva o cliente a aumentar seu grau de confiança.

Ao se deparar com uma nova situação em que considere necessária a utilização de consultoria, esse cliente terá a propensão de escolher aquela que já lhe apresentou bons resultados; essa propensão será tanto maior quanto mais o trabalho anterior e aquele sendo considerado tenham similaridades.

Mais ainda, esse cliente satisfeito, se e quando contatado em seu *network*, tenderá a recomendar a consultoria.

5. Quais são as expectativas do cliente quanto aos resultados da consultoria?

Novamente: que resolva o problema.

Essa é a expectativa ampla e cabal de qualquer cliente. Há sempre expectativas decorrentes.

É impossível ter uma descrição total e exaustiva dessas expectativas decorrentes, considerando a infinidade de situações possíveis – e de suas combinações: o problema em si, a consequente natureza da consultoria, a empresa (suas estruturas formal e informal, o momento financeiro e mercadológico que está vivendo etc.), e assim por diante.

Há, no entanto, um conjunto de expectativas que costumam estar presentes na grande maioria das situações:

- Que os consultores que venderam o trabalho sejam os mesmos que o executarão – como discutido no início desta seção.
- Que a atuação da consultoria não gere animosidade com as pessoas envolvidas, que não traumatize a organização. Não se trata de não traumatizá-la com as *conclusões* do trabalho, o que é por vezes inevitável, mas não criar um ambiente confrontacional durante sua execução.
- O cliente *não* quer manter-se vinculado à consultoria após a realização do trabalho.

Trabalhos de consultoria que levantam pontos com o claro intuito de servir como gancho para mais trabalhos são percebidos pelo cliente – o que é motivo de irritação e perda de confiança.

Paradoxalmente, isso não significa que a consultoria não deva mostrar pontos que exijam atenção e que claramente não estavam no escopo proposto e acordado. O cliente não é idiota ou ingênuo e é capaz de perceber quando está sendo apenas lançado um gancho.

- Quase como corolário da expectativa acima, o cliente espera receber um *relatório* final que:
  - Seja explicado na reunião de entrega de maneira simples e sucinta.
  - Seja um *roadmap*, um guia, para as ações que devam ser tomadas após a saída da consultoria – *e sem a atuação da consultoria.*

- Ele, cliente, possa apresentar – e discutir – sem suporte da consultoria em reuniões internas da empresa.

- Não contenha inferências matemáticas e estatísticas esotéricas e incompreensíveis para os envolvidos na organização.

Exemplo: "A partir da base de dados de vendas da empresa, evidenciou-se que as vendas mensais do produto analisado estão relacionadas com a temperatura média mensal e o fluxo de veículos na via Dutra segundo uma função elíptica de jacobi de segunda ordem, como comprovado pela aplicação do teste estatístico de kolmogorov-smirnov."

Um gráfico e uma nota de rodapé, mais dois parágrafos mostrando como funciona o gráfico são suficientes; "jacobi e kolmogorov" podem ser deixados em uma pastinha anexa.

- O cliente espera que o consultor que liderou o trabalho o procure regularmente após o encerramento, demonstrando genuíno interesse pelo que está ocorrendo em decorrência do trabalho realizado. O cliente não quer ser assediado para entregar mais trabalhos a essa consultoria – quanto menos assediado se sentir, mais propenso estará a entregar-lhe mais trabalhos!

- Isso não colide com a expectativa de não ficar vinculado àquela consultoria, e sim é um elemento adicional de conforto para o cliente – e reforça sua confiança naquela consultoria.

- Embora soe redundante dizê-lo, o cliente espera que as informações sobre a empresa obtidas pelos consultores sejam mantidas confidenciais.

6. E o relógio, que fim levou?

Vamos voltar ao início deste capítulo. Àquele meu então chefe que disse: "Consultor é aquele 'cara' que você contrata quando quer saber as horas; aí ele pede o seu relógio emprestado, faz um relatório bonito, diz a hora errada, apresenta uma conta absurda e às vezes devolve o relógio."

Após ter lido este livro, como podemos interpretar essa frase?

Pela senioridade que esse meu chefe já tinha quando me disse a frase, é lícito supor que ao longo de sua carreira já tivesse participado em várias situações envolvendo consultorias. Possivelmente no início de sua carreira se viu envolvido nas etapas de execução, e mais tarde passou a ser o cliente.

Certamente esse meu chefe teve pelo menos uma péssima experiência com uma consultoria – quem sabe com mais de uma consultoria.

Talvez, quando partícipe, tenha encontrado um contexto em que a atuação da consultoria na fase de elaboração do trabalho tenha traumatizado a organização, com a criação de situações de animosidade e confrontação, frustrando assim a expectativa do cliente (veja a segunda expectativa apresentada no item anterior).

Como cliente, é possível que tenha tido frustradas uma ou mais de suas expectativas (como as apresentadas no item anterior) – sem esquecer a fundamental: *resolver o problema.*

De qualquer forma, a experiência desse meu chefe com uma ou mais empresas de consultoria (ou consultor individual) foi tão ruim que estendeu sua *falta de confiança* a toda e qualquer consultoria.

Vamos soltar nossa imaginação e interpretar o que pode estar por trás da frase, continuando com a parábola nela contida:

- O cliente não havia tomado café da manhã e estava com fome. O que ele realmente queria saber é se já estava na hora do almoço. O consultor não identificou o real problema, quer na anamnese, quer no diagnóstico.

- O consultor, na fase de diagnóstico, traumatizou a organização ao fazer o levantamento de dados (pedir emprestado o relógio).
- O relatório foi bonito, mas não atendeu às expectativas do cliente – e disse a hora errada; não resolveu o problema, que era o cliente querer saber se já podia almoçar.
- A "conta" foi absurda – e o seria qualquer que fosse seu valor. O cliente não recebeu o que queria, e suas expectativas foram frustradas.
- Possivelmente o consultor não devolveu o relógio por achar que isso seria o gancho para vender outro serviço: ensinar o cliente a ver as horas.

O sucesso de uma empresa de consultoria ou de um consultor é construído com o sucesso de cada trabalho realizado. Consultoria tem várias características próprias, que foram abordadas neste livro. Mas, como qualquer negócio, seu sucesso depende de competência, integridade, vontade de ajudar, assumir riscos, algum desprendimento e muito trabalho (somente no dicionário "sucesso" vem antes de "trabalho"). A confiança do cliente é decorrência.

Este "escrevinhador" espera que este último capítulo esteja à altura do restante do livro e, principalmente, à altura dos leitores. Não teve nem tem a pretensão de ensinar o que quer que seja a quem quer que seja – mas procurou apresentar ao leitor algumas informações, despertar seu senso crítico e com isso ajudá-lo a pensar. Espera ter conseguido.

José Luiz P. C. Dias atuou como gerente geral de planejamento estratégico e vice-presidente de recursos humanos e seguridade social para a América Latina na Philips. Trabalhou na General Electric (onde foi gerente de planejamento estratégico), ASEA (atualmente ABB) e

INBRAC. Cursou a Escola Politécnica da USP (engenheiro eletricista, 1970-1974), bacharelado em Física no Instituto de Física da mesma universidade (1971-1975) – tendo trabalhado no grupo de pesquisa em nêutrons rápidos – e é pós-graduado em Administração de Empresas (FGV São Paulo, 1976-1978). Foi bolsista da Confederation of British Industry no Reino Unido (1984-85).

Membro do Grupo de Excelência em Coaching do Conselho Regional de Administração de São Paulo (CRA-SP), do Instituto Fernando Braudel de Economia Mundial (São Paulo) e da Newcomen Society (Londres).

Autor (juntamente com O. S. Lobosco) do livro *Seleção e aplicação de motores elétricos*, McGraw-Hill/Siemens, São Paulo, 1988, 2 vol. 511 páginas; (publicado em espanhol pela Marcombo/Siemens Aktiengeselschaft, Barcelona, 1988) e de vários artigos técnicos.

Bibliografia

Cher, Rogério. *Empreendedorismo na veia*. Rio de Janeiro: Campus/Elsevier, 2008.

Block, Peter. *Flawless Consulting*. San Francisco: Pfeiffer, 2000.

Diversos Autores. *Le Conseil en management*. Laussane: Organisation Internationale du Travail, 1978.

Mager, Robert F. *Análise de objetivos*. Porto Alegre: Globo, 1983.

Bonder, Nilton. *A cabala do dinheiro*. Rio de Janeiro: Imago, 1999.